人生不止一次花期
生命可以多次绽放

孩子不是木头，你更不是木匠。

在孩子的想象世界里，树木不一定是绿色的，还可以是棕色的、白色的、黑色的。天空不一定是蓝色的，还可以绿色的、橙色的、褐色的。

会社交
的孩子才有
竞争力

沈玉英 著

浙江教育出版社·杭州

图书在版编目（ＣＩＰ）数据

会社交的孩子才有竞争力 / 沈玉英著 . -- 杭州：
浙江教育出版社，2023.12
ISBN 978-7-5722-6719-2

Ⅰ . ①会… Ⅱ . ①沈… Ⅲ . ①心理交往－儿童教育－
家庭教育 Ⅳ . ① G782

中国国家版本馆 CIP 数据核字（2023）第 190995 号

责任编辑 赵清刚 　　　　**美术编辑** 韩　波
责任校对 马立改 　　　　**责任印务** 时小娟

会社交的孩子才有竞争力

HUI SHEJIAO DE HAIZI CAI YOU JINGZHENGLI

沈玉英　著

出版发行　浙江教育出版社
　　　　　（杭州市天目山路 40 号　电话：0571-85170300-80928）
印　　刷　三河市中晟雅豪印务有限公司
开　　本　700mm×980mm　1/32
成品尺寸　145mm×210mm
印　　张　10.75
插　　页　4
字　　数　240 千
版　　次　2023 年 12 月第 1 版
印　　次　2023 年 12 月第 1 次印刷
标准书号　ISBN 978-7-5722-6719-2
定　　价　62.00 元

如发现印装质量问题，影响阅读，请与本社市场营销部联系调换。

ChatGPT 来了，孩子的社会能力有多重要

当我写完这本书的时候，正是以 ChatGPT 为首的人工智能开始火爆全球的时候。新一代的人工智能，不仅可以用自然语言与人类进行交流，还能为我们提供各种类型的帮助和服务，包括编程、写文章、画图等，这也对许多职业造成了直接冲击，甚至有些人已经面临失业。家长们也开始焦虑，担心自己的孩子会毕业即失业。

人工智能的快速发展，的确会取代许多工种，但同时也会出现更多新的需求，诞生更多新的职业。没有人可以准确地预测出20 年后，到底会诞生哪些新职业，但只要是涉及人际沟通的职业，就很难被人工智能取代。因为人类的沟通，除了语言的理解和表达，还需要满足情绪价值、差异化、变通性、价值观等更为复杂的内心需求。我们真正需要的，不是与机器进行语言层面的沟通，而是与真实的、有温度的人进行互动。因此，人与人之间的社交能力、合作能力都会成为未来人工智能时代的核心竞争力之一。这也是为什么，在我反复思索和论证之后，确定了我的第

一本书将以社会能力培养为核心议题。

我从事家庭教育研究和咨询工作近 10 年，每天都在向家长们解答大家在与孩子相处时最棘手、最关心的问题，比如如何培养孩子的学习力、专注力，如何陪孩子更高效地阅读，如何让孩子管好自己，等等。但当我在最初收到出版社编辑的约稿时，我却犯了难，我不可能用一本书囊括一切的教育理论和方法，我必须进行取舍。那么，孩子未来最需要的，到底是哪方面的能力呢？

在和编辑进行了反复沟通与探讨之后，我们确定了当下的主题。我们一致认为，现在的生活环境太过封闭，孩子们普遍缺少社交经验，不懂得处理社交矛盾，主动逃避复杂的人际关系。人是社会性动物，有强烈的归属感需求。这种归属感在童年时，主要来自家庭，但随着年龄的增长，需要从外部社会获得。而人际关系的疏离，让个体缺少社会层面的支撑，从而导致内心力量不足，适应新环境的能力减弱，一味追求平稳与安全，最终躲在心理舒适区，不敢创新与尝试，从而失去竞争力。

我也发现，大部分复杂性、综合性的工作，对从业者的要求都不是做重复的劳动，而是如何主动获取并调动内部和外部资源来解决问题。简而言之，就是如何与各类人打交道。一个人的社会能力，将成为他个人能力的护城河。

希望通过这本书，家长能够理解孩子的成长规律，帮助孩子更好地走向外部世界，敢于尝试，勇于创新，热情交友，积极处事，发展出强大的适应能力和人际交往能力，成为人工智能时代的领路人。

目　录

破局思维：
让孩子未来更具竞争力

053

"妈妈，
我不想讨好别人了"

069

当遇到没有
"教养"的孩子

111

矛盾处理：孩子打人 或者被打了，怎么办 **137**

第六章

会分享的孩子 更受欢迎 **181**

第七章

第八章 竞合意识：激发孩子的潜力

215

第九章 生命教育：激发孩子的合作意愿

295

初章

孩子社交发展的六个阶段

"不要逼我去交朋友"

　　公园里，三位妈妈正坐在长椅上聊天。这时，一个小孩子跑过来说："妈妈，陪我玩吧。"他妈妈看了一眼旁边正在玩耍的两个大孩子，说："小衫，乖！去找姐姐们一起玩。妈妈

要跟阿姨们聊天，小朋友们一起玩游戏才开心啊。"

小衫不肯，硬要妈妈抱。妈妈特别无奈地说："你要学会交朋友啊，不能只跟妈妈玩。都2岁了，还不会交朋友，每天黏着妈妈，这怎么行呢？！"

听到妈妈这样说，小衫"哇"的一声哭了："就要妈妈抱，就要妈妈。呜……"

为了让小衫学会交朋友，妈妈经常带他去儿童乐园、小区楼下、朋友家，一待就是大半天。妈妈希望小衫能找到一个玩伴，但小衫只跟妈妈玩。即使看到有趣的事，或者很会玩的小孩子，他也不会靠近，只是远远地盯着看。妈妈带着小衫去跟小朋友打招呼，他也只是紧紧地抓住妈妈的衣服，不肯说一句话。

这次是妈妈精心安排的"交友活动"。她特意约了两个性格比较温和的小女孩，希望小衫能在轻松的环境中交到朋友。结果，刚坐下不到五分钟，小衫就黏上妈妈了。妈妈特别迷茫，到底是哪里出了问题，以致小衫天天黏着自己，不肯跟其他小朋友玩呢？

其实，小衫的妈妈用错了力。在小衫这样的年龄，最重要的是"内在关系模式"的建立。也就是说，这个阶段的孩子和养育人之间应当有良好的相处模式，这会影响到孩子以后的社交能力发展。

社交是孩子逐渐发展出来的一种心理需求，只要具备"天时、地利、人和"这三大要素，不需要家长逼迫，他们就会主动去结交朋友。

"天时"，是指孩子的年龄。通常在 3 岁左右，孩子才进入社交的敏感期。案例中的小衫才 2 岁，还没有对外社交的能力，更需要的是父母的陪伴。你需要了解孩子社交发展各年龄阶段的特点，根据孩子的发展需求进行引导和帮助。

"地利"，是指家庭的养育环境。如果亲子之间的游戏、互动体验非常丰富，孩子就会形成良好的"内在关系模式"。对外交友时，孩子也会形成与人互动、愉快玩耍的关系模式。所以，想让孩子善于交朋友，你的高质量陪伴是关键点。

"人和"，是指在广泛的社交环境中找到适合的玩伴。不是所有孩子都能玩到一起，交友的标准是需要他们自己慢慢摸索，并逐渐形成的。你要做的，是给孩子提供丰富的交友环境。给予孩子选择的自由，不要限制和要求孩子必须结交什么样的朋友，让他们在现实的环境中，发展出适应社会的能力。

父母必须了解的儿童社交发展规律
（0 ～ 11 岁）

一个不善交往、不合群的孩子，在进入幼儿园、学校等社会群体后，不得不面对更多压力，这会影响孩子的心理健康发展。一个不善社交的孩子，如果一直没有发展出较好的社交能力，在成年后会因缺少与人打交道的经验而处处受挫，被迫形成"宅"的习惯。

注意：是被迫形成，而不是主动选择。

这两者的区别在于：

一种是内心丰富，能够独处，也有对外社交的能力，"宅"是一种主动选择的生活方式；

另一种是无力面对社交中的一些矛盾，所以不得不"宅"，这样的人内心是孤独的，一个人独处时不敢闲下来，因为会有巨大的空虚感。

我们要避免的是第二种——不得不"宅"。

想知道如何培养孩子的社交能力，就需要先了解一下儿童社交发展的规律，根据孩子各年龄段的需求，给予不同的支持和帮助。

儿童社交发展阶段

一个人的内在关系模式，是在6岁前就定型的，但新的关系会提供改变的可能。

0~2岁	2~3岁	3~4岁	4~6岁
单独游戏	平行游戏	联合游戏	合作游戏

3~10个人组成相对固定互相影响排斥异己社交地位

3~10个人组成不固定带来归属感

社交群体
9~11岁

社交群体
6~9岁

2 岁以前，处于单独游戏阶段

这个年龄段的孩子并没有社交的需求，他们的注意力大多放在自我的发现和建构上。所以，在日常生活中，他们经常会出现啃、咬、扔、撕、捏、爬、钻等行为，这都是他们在依靠"敏感期"发展自己的各种能力，为以后走向外部世界做准备。

在这里，我简单地解释一下什么叫"儿童的敏感期"。儿童的敏感期是指 0 ～ 6 岁的儿童在成长过程中，受内在生命力的驱使，在某个时间段内，对他们所感兴趣的特定事物不断重复、实践的过程。简单点说，就像眨眼、打喷嚏一样，是出生时自带的功能。宝宝会利用敏感期来促进大脑神经元的连接，所以敏感期得到充分发展的孩子，大脑神经元会连接得更丰富，大脑功能也会发展得更好。

如果在 2 岁前的这个阶段，妈妈可以很好地感知宝宝的各种需求，并与之互动、玩耍，给予情感上的及时满足，宝宝就会善意地看待这个世界，认为自己是受这个世界欢迎的，从而建立起友善的"内在关系模式"，为以后的社交发展打下良好的基础。

如果妈妈很难感知到宝宝的需求，或者在孩子反复哭闹时，忍不住吼孩子，甚至使用"哭声免疫法"——在宝宝哭的时候，把孩子放在一边，故意不去理他，等宝宝不哭了再把他抱起来，那么宝宝的哭闹看似减少了，其实他的内心充满了绝望，安全感被严重破坏了。他会认为这个世界是不可靠、不安全的，内心充满恐惧和敌意，在以后的社交中，他也会困难重重。

2 ～ 3 岁，处于平行游戏阶段

这个年龄段的孩子，已经有了和其他小朋友玩耍的想法，但他们所谓的一起玩，就是两个人待在一起，然后各玩各的，没有互动、没有配合。家长也不用勉强孩子跟他人互动，因为你的勉强可能会引起孩子的逆反和恐惧。

2～3岁的孩子，虽然已经有了自我意识，对外面的世界也开始产生好奇，但他们的认识能力有限、安全感不足、胆量不够，所以会因为心里的各种害怕而更黏妈妈。如果你要求孩子去跟别的小朋友玩，他们会认为你不再爱他们了，想把他们推出去，这会让他们对社交产生焦虑。

所以，我们要允许孩子在这个时期不交朋友，多跟孩子互动、玩耍，建立良好的亲子关系，让孩子内心有爱。养育人可以像前面案例中小衫妈妈那样，带孩子到小区楼下、公园、游乐园等地方，让孩子熟悉一下外部环境，给孩子创造接触小朋友的机会。不过，不是以交友为目的，而是以观察和模仿为主，为下一步的社交做好准备。

3～4岁，进入联合游戏阶段

3岁左右，孩子进入社交敏感期，开始尝试与其他小伙伴一起玩，在玩的过程中，他们会和小伙伴有互动、交流、交换玩具等行为，但大多还是以自我为中心，总想玩自己感兴趣的游戏和玩具，所以经常跟小伙伴闹矛盾。前一分钟还玩得很开心，后一分钟就有可能因为一个玩具、一句话而争执起来，甚至在接下来的几天时间里特别黏人，要求父母多陪伴，不再跟小朋友玩耍。

但他们并不是从此不再交朋友了，而是需要一点儿时间来消化这种冲突带来的负面情绪。所以，你要做的是给予孩子情绪上的安抚，并满足孩子的陪伴需求，这就像是在给他们的内心充电。电力足了，他们就会去寻找之前的玩伴，或者结交新朋友。

（需要注意的是，这个年龄段的社交大多是一对一的形式，所以两个孩子之间争朋友的事情会经常发生。他们希望朋友是属于自己的，不想跟别人"分享"，也不愿意有第三个人进入他们之间的游戏。到了5岁左右，孩子们就开始三四个人一起玩了。所以，父母无须担心，要给孩子成长的时间。）

如果孩子5岁以后依然有这方面的问题，父母可以通过给孩子读一些社交类的绘本，或者在家中带孩子玩人偶剧的游戏，让孩子逐渐意识到，即使三个人、四个人、五个人，甚至更多人一起玩，也很有趣，有许多适合多人玩耍的游戏。还可以设定简单的规则，大家排队轮流玩。

如果孩子3岁多了，依然不懂得如何交朋友，父母也不用太担心。现在的养育大环境导致许多孩子都是在楼房里长大的，外出又不得不考虑安全因素，父母会给孩子做一些安全教育，这就增加了孩子对外部世界的恐惧。所以，在社交发展中，有些敏感、内向的孩子会需要更长的时间来观察和适应外面的环境。

你可以先带孩子观察一下别的小朋友是怎么一起玩耍的。可以跟孩子讨论，他们玩耍时有着怎样的规则、分别扮演着什么样的角色、通常会聊些什么等。等孩子与小朋友有些熟悉了，再鼓励他尝试加入小团体，和其他孩子一起玩耍。如果孩子不愿意主动加入别人的小团体，你也可以带一个好玩的球，跟孩子一起玩，吸引其他小朋友过来。然后制定一个简单的小规则，比如每个人轮流拍三次，或者一起玩传球的小游戏，让孩子感受大家一起玩的乐趣。

你还可以通过给孩子读一些社交培养类的绘本，让孩子了解更多社交方面的信息，让他更有勇气，敢于走出去，主动交朋友。

如果这些你都做了，孩子依然不愿意或不懂得怎样跟别人一起玩，也没有交到过朋友，那就说明孩子社交需要的一些基础能力，像安全感、语言表达、情绪管理、"内在关系模式"等没培养好，需要家长"降级养育"，帮孩子把缺少的能力一点一点补上。后面会有章节详细讲解，在这里就不赘述了。

4～6岁，进入合作游戏阶段

这个年龄段的孩子开始发展出更多的社会能力。他们在与其他孩子玩耍时，会设立共同的目标。比如，之前是轮流或者一起搭城堡，现在会开始分工，有人负责建大门，有人负责建花园，有人负责寻找合适的积木，有人负责搭建大楼，等等。也就是尝试与他人合作。

孩子们玩的游戏也会变得越来越复杂，因为有了同理心，不再只是以自我为中心，会考虑他人的感受，所以大家会一起商量玩什么。因为"爱比较"的天性，让孩子们特别在意自己是否被公平对待，所以孩子们在玩游戏的过程中，经常会因为"不公平"而争吵。有创造力、情商高的孩子，往往会成为社交中的主导者，找到一个大家都喜欢并且相对公平的游戏。这样的孩子是非常受欢迎的。

5 岁以后，大多数孩子的社交从一对一的模式，转变为三四个人一起玩的小团体形式，情绪稳定、有同理心的孩子会成为小团队的核心人物。

如果孩子已经 5 岁了，依然有以下问题，就需要家长重视了，因为孩子很可能会在融入社交群体时受到排挤。

- 孩子缺少同理心，在与别人玩耍时，只考虑自己的感受，不在意他人的想法。
- 喜欢挑剔和干涉别人的行为，经常指责或指挥其他孩子，对于什么可以做、什么不可以做，表达强烈的意见。
- 情绪管理和语言表达能力差，一言不合就动手，总是用打、推、咬、抢等行为解决问题。
- 不懂得与人互动，缺少创造力和活力。
- 敏感，易哭。
- 自私小气，不爱分享。

以上这些问题，都是社交的基础能力不足的表现，需要家长改变养育方式，帮助孩子成长和改变。后面会有章节进行详细讲解，在这里就不赘述了。

6 ～ 9 岁，开始进入社交群体

这个年龄段的孩子已经上小学了，社交能力强的孩子会很快适应新的环境和秩序。幼儿园阶段的孩子，虽然也在交朋友，但他们的归属感主要来自家庭。而进入小学以后，孩子会开始在家以外的社会环境中寻找和建立归属感。当然，家庭带给孩子的归属感依然很重要，是无可取代的。

如果你注意观察会发现，一、二年级的许多孩子，哪怕学校没有硬性规定，他们也会喜欢穿着校服去上学，因为跟同学穿一样的衣服会带来小团队的归属感。所以，许多孩子在一、二年级就开始组建或者融入 3 ～ 10 个人的小群体——通常由同性别或者喜好相近的孩子组成。还有一部分孩子依然喜欢一对一地结交朋友，到三、四年级才开始融入小群体中。

只有少部分孩子会一直保持着一对一的社交。这部分孩子的父母需要特别关注孩子的心理状态，因为他们的社会支持体系比较单一，在与玩伴产生矛盾或者遇到困难时，他们会感受到很大的压力，需要父母给予更多的支持和帮助。

一、二年级的孩子，社交关系并不稳定，经常会更换玩伴，小群体的成员也是不稳定的。他们通过结交不同的朋友，来建立"自我"的概念和对"自我"的评价。如果在这个阶段，父母对孩子过多地控制或者说教，会影响孩子内驱力和自尊的发展。

如果孩子交了你认为的"坏朋友"，一定要引起重视，但不要急于否定，更不能粗暴地阻止他们一起玩。因为6～9岁是孩子的第二个叛逆期，也是自我意识再次得到发展的重要阶段。这个年龄段的孩子开始变得有主见，他们更关注小伙伴的内在特质，比如聪明、幽默、热心、善良等，反而不太在意他们的外显行为。

你可以通过随意的聊天，了解一下"坏朋友"身上有什么特质吸引了你家孩子。这很可能就是你家孩子不具备却很向往的特质。

比如，一直很听家长和老师话的"乖宝宝"，遇到一个特别有主见，身上散发着自由的气息，甚至敢于顶撞老师的孩子时，内心被压制的自我意识开始觉醒。他们想挣脱大人的管束，但内心又缺少反抗的勇气，于是就在心里产生向往，并喜欢跟那样的孩子在一起。

这就说明，家长需要适度放手，允许孩子有不一样的想法，给予一些决策权，让孩子的生命力得以伸展。当孩子内心缺失的自主感渐渐被满足时，他们会重新选择更符合自己"三观"的朋友。

如果你的孩子上小学后开始变得苛刻，爱指责、嘲笑别人，经常通过贬低他人来抬高自己，或者喜欢跟一些性格软弱、听话的孩子一起玩，大多是跟他的自卑心理有关。家长需要改变养育孩子的方式，减少对孩子的指责与嘲讽，善于发现孩子身上的优点，并表扬他的点滴进步，帮助孩子提升自信，因为这关系到孩子下一个社交阶段的健康发展。

9 ～ 11 岁，开始固定自己的社交群体

从小学四年级开始，孩子的社交关系就逐渐变得稳定，友谊不只是建立在快乐玩耍的基础上，还要相互支持、彼此关心，相处中既有付出，也有回报。固定的社交群体会带给他们更多的归属感，同时对孩子的影响力也越来越大。

他们会认同并维持所谓的"群规"，比如见面时大家都喊相同的口号，对于一些事物的观点基本一致，喜欢玩的游戏、谈论的话题也是高度相似的。而对群体以外的人，他们会表现出排斥和不屑，总觉得自己的同伴才是最好的。如果在群体中，只有一个孩子开始学习骑自行车，那其他孩子可能会孤立他。但如果在群体中，好几个孩子都开始学习骑自行车，那其他的孩子就会跟父母提出也想要一辆自行车。

当群体中大多数成员开始出现上课看漫画、私下嘲讽老师、欺负同学等行为时，群体中的其他孩子可能会模仿和盲从。虽然这个年龄段的孩子已经有了自己的道德评判能力，但他们很害怕自己会成为群体中的"异类"，遭到排挤，所以明知是错，还是会去尝试。但如果你的孩子自尊水平高、家庭亲子关系好、活在真自我中，那么他会意识到这样是不对的，也是不好的，会主动停止对这些行为的模仿，甚至会主动远离这个群体，寻找新的社交伙伴。

我儿子尧尧在 4 岁的时候，因为模仿班里同学说话，开始出现口吃的现象，用了很长的时间才调整回来。

　　六七岁的时候，看同学撕作业本折飞机，他觉得这样很酷，也跟着做了。我跟他商量有没有更好的方式，他最终找到了更好的取代方案，就不再撕作业本了。

　　到了 10 岁的时候，他经常跟同学一起骑自行车。因为是夏天，外面很热，有同学提出到地下停车场里骑，这样凉爽又刺激。尧尧觉得这样很不安全，坚决不同意。最终，他自己推着自行车回家了，其他孩子去了停车场。现在，他跟这些孩子依然是朋友，但有时他也会结交新朋友或者选择自己玩。

　　你看，这就是孩子的成长，从最初的好奇到后来的模仿和盲从，他们在体验中常常会犯错，需要大人的理解和引导。但随着年龄的增长，他们对社会归属感的需求越来越多，社交关系对他们的影响力也越来越大，而父母可以干涉的却越来越少，所以孩子需要有自己的判断力，更需要有拒绝的勇气。

　　如果孩子的心理地基没有打好，那你一定要降级养育，修复亲子关系，提升孩子的情商和自尊水平，让孩子有清晰、完整的自我意识，远离讨好型人格。这是防止孩子"学坏"，又能正常社交的底层能力。

　　除此之外，你还需要引导孩子思考什么样的社交群体是真正适合自己的。好的社交关系，可以互相滋养生命力，让孩子感受到自己是好的、重要的、被接纳的，跟朋友们在一起可以放松下来，遇到问题也会得到理解和支持。而不好的社交关系，会压制和损耗孩子的生命力，有不同的想法也不敢提出来，因为担心被嘲笑和排挤，遇到问题也得不到支持，只能独自承受压力和挫折。

我为你准备了一些可以跟孩子讨论的话题，看看目前的社交群体是否适合你的孩子。（一定要在轻松、随意的情境中跟孩子聊，不要严肃地拷问。）

为什么喜欢跟他们一起玩？

是否因为没有其他人可以一起玩？孩子看重的是什么？如果孩子回答不上来，可以直接跳到下一个问题。

你们有什么共同点吗？

喜欢相同的颜色、有共同爱好、家里都有小宠物、成绩好等。

跟他们在一起时，你感到放松还是紧张？

这个问题没有标准答案，因为有些孩子习惯了讨好别人，忽视自己的真实感受。这个问题只是为了启发孩子以后对自己感受的思考。

你们一起玩的时候，你需要伪装自己吗？比如，明明不喜欢，却假装喜欢。1～10分，大概要伪装几分？

如果孩子的伪装分数超过5分，就需要家长注意了。

因为孩子内心认定自己是不好的、不被接纳的，所以大多数时候会选择伪装自己，这是一种对自我生命力的压制和否定。

你们成为朋友后，你感觉自己哪些方面更优秀了，哪些方面更糟糕了？

这是让孩子对自己的变化进行一次小小的复盘，也是在引导孩子对社交关系做出主动思考和判断。

你心情不好的时候，他们会做些什么？不在意、挖苦、安慰、处处让着，还是其他的？他们难过的时候，你会做些什么？

从这个问题的答案可以看出社交关系是否平等，以及孩子在群体中的位置。

你们意见不统一的时候，都是怎么解决的？

从这个问题的答案可以看出群体中是否有绝对的权威者，权威者的品德是很重要的，直接决定了这个社交群体的行为方式。

除了他们，你还有其他朋友吗？平时会跟其他人玩吗？

如果这个群体强调忠诚，非常排外，孩子很难交到其他朋友，他就可能过度依赖目前的社交群体。父母需要帮孩子培养一些兴趣爱好，创造融入新团队的机会。

与孩子讨论这些话题，不是让你控制或者干涉孩子的社交，而是表达你对他的关心，让孩子自己做出判断：是继续留在这个社交群体中，还是重新选择。

在这里，要特别说明一下控制和关心的区别。

控制，是你必须按我说的做。我不相信你，因为你的选择或感觉大多是错的，是靠不住的。在这样的亲子关系中，孩子没有自主感，更没有自尊体验。**在家被父母控制，在外被别人控制，没有反抗和拒绝的能力。**

关心，是以孩子的选择和感受为主，主动权在孩子手里。父母带着爱和信任与孩子讨论，即尊重孩子的选择。在这样的亲子关系中，孩子是自己人生的主人，拥有自尊和自爱的能力，清楚地知道什么是对自己最好的，也有拒绝别人的勇气。

在这个章节的最后，要特别提醒你，孩子不是机器人，他们的心理发育水平并不完全相同，个体会有差异，所以前面的年龄阶段只能作为参考。如果你的孩子社交能力发展受阻，大多跟养育方式相关，可以通过降级养育，弥补和提升孩子的相关能力。后面会有专门的章节进行详细讲解。

第二章

三大底层能力，
决定孩子的
社会能力

允许孩子在社交中"踩坑"

千万不要教孩子说："我们一起玩好吗？"因为这句话特别容易遭到拒绝，会让孩子有"玻璃心"，不敢再主动交朋友。应该做的是，让孩子想好融入的方法，带着自己的方案融入。比如："我带了球，我们一起玩传球的游戏好吗？"

不知道你是否看过上面这段曾在网上特别火的文案。

许多妈妈看后"幡然醒悟"——原来自己又做错了，难怪孩子不愿意社交。但这其实是一种典型的填鸭式教育，用父母的说教直接取代孩子的体验和探索。

一句话就能决定孩子的社交发展吗

在盲目地自责和愧疚前，不妨先想想你自己的童年。你在交朋友时说的话，真的都是父母教给你的吗？

一句开场白就能直接决定社交关系发展的，是成年人的世界，而不是孩子的世界。**不要把太功利的东西过早地灌输给孩**

子，这只会捆绑住他们飞向外部世界的翅膀。

孩子在社交中被拒绝是一件再正常不过的事，这也确实会带给孩子一些挫败感，但大多数孩子会再想办法找其他孩子玩，而不会因此不再主动交朋友。如果你的孩子因此再也不交朋友了，只能说明孩子的逆商有待提升，而不能为了避免孩子受挫，提前帮孩子编排好社交的"开场白"或"台词"。

名词解释

逆商（AQ，Adversity Quotient），一般被译为挫折商或逆境商。它是情商（EQ）的重要组成部分，它体现了人们面对逆境时的应对方式以及解决困难的能力。

别提供"标准答案"，培养孩子在真实世界的社交能力

我们要培养的是孩子在真实世界的社交能力。

什么是真实世界？就是当你想跟对方玩时，有可能被接受，也有可能被拒绝。即使找到了一起玩的小伙伴，也有可能因为意见不合、争玩具、小误会等导致友情的"决裂"。只有在真实情境中"踩坑"了，让孩子知道这个世界不是围着自己转的，他们才会不断调节自己的情绪，开动脑筋，想办法找到愿意跟自己玩的小伙伴，并且在一次次实践中发展出自己的社

交能力。**社交要培养的是孩子的底层能力，而不是直接通过一些"避坑指南"来掩盖孩子能力上的不足。**

社交底层能力比较好的孩子，在被别人拒绝后，会有以下反应。

- 不玩就不玩，我再找其他人。
- 为什么不愿意啊？他现在是不是心情不好？我等会儿再问他。
- 我很想跟他玩，怎么做才能让他愿意跟我玩呢？
- 我去找妈妈问问，她可能有解决的办法。
- 我把玩具给他玩一会儿，他会不会就愿意跟我玩了呢？
- 哼！坏蛋，我讨厌你！你不跟我玩，我找妈妈玩。

以上这些，虽然不是最好的解决方案，但最起码孩子没有

"玻璃心",不会不敢再社交,而是用各种办法自我调节,为以后的社交积攒经验。

　　社交是孩子融入外部世界的必备能力,好的社交关系可以让孩子在离开父母后,依然能找到归属感,更好地适应新环境。所以,在童年时,我们要允许孩子"踩坑",允许他伤心,允许他短暂地逃避。我们就是他的安全基地,他在外面受了委屈,随时可以回到父母这里"充电"。电力足了,他就会恢复活力,继续去交朋友了。

社交的底层能力（一）：
亲子关系决定孩子的社交模式

"内在关系模式"决定孩子的社交关系模式

孩子在童年与养育人之间形成的"内在关系模式"会影响到他对外社交时的关系模式，这也是社交底层能力中最重要的一项。这样说有点儿抽象，我举几个常见的关系模式的例子来说明。

- 如果你是一个控制型父亲或母亲，总是要求孩子必须听你的，从未给过孩子决策权，经常对孩子进行说教，那你的孩子在与人交往时，要么会成为控制别人的人，要么会交一个有控制欲的朋友，然后继续被控制。他会把在家庭中控制与被控制的关系模式投射到新的关系模式中。

- 如果你经常对孩子使用冷暴力，当孩子犯错或不听你的话时，你就不理他，任他怎么叫你，你都不回应，甚至不看孩子一眼，那么孩子在与人交往时会非常情绪化，要么因为一点儿小事不如意就不理对方，跑到角落去待着，要么特别害怕别人不理自己，拼命地刷存在感。

- 如果孩子的养育环境不稳定，经常变换养育人，他会有被遗弃感，在家庭中缺少存在感，那么他在与人交往中，会特别害怕被"抛弃"，要么通过讨好来拼命维持一段关系，要么选择一个人独处，逃避将情感投入任何一段人际关系中。

- 如果你经常用打、骂、吼的方式教育孩子，当孩子犯错时，简单粗暴地给予惩罚，而不给孩子正面引导，那么孩子在与人交往中，要么特别暴力，对小伙伴特别苛刻，对方做错一点儿事，他就会出现打和骂等攻击行为，要么特别懦弱，对方一生气，他就怕得要死，马上无条件服从，无底线地退让。

- 如果你很少陪孩子玩，总是买一堆玩具打发孩子，或者直接把手机丢给孩子，那么孩子在社交中可能会缺少主动性和互动能力。要么怕被拒绝，不敢主动社交；要么在社交中总以自我为中心，缺少同理心，不懂得与人配合。

- 如果在你的家庭中，孩子就像太阳一样，大家都要围着他转，生活上的事情，家里的大人又过度包办，孩子已经可以做的事，因为做得不够好，就直接由大人代劳，那么孩子的独立性和自信心发展就会受阻。看起来很自大，其实很自卑，因为怕被拒绝，而不敢主动社交。

根据心理学的研究，孩子在 3 岁以前跟养育人形成的关系模式会影响孩子 3 ～ 6 岁与人相处的模式。安全感充足、亲子关系良好的孩子，会非常向往交到自己的朋友，会享受与朋友相处时的美好。在遇到矛盾时，孩子也会更积极地应对。反之，亲子关系失衡、安全感不足的孩子在社交中则会显现出各种问题，面对社交矛盾往往消极、逃避。

但好消息是，如果父母在孩子 3 ～ 6 岁时改变了养育方式，孩子会在全新的养育环境中吸引新的"营养"，并改变自己的"内在关系模式"，对外社交的关系模式也会随之改变。

一个人的"内在关系模式"，大概到 6 岁就会基本稳定下来。孩子 6 岁以后，如果想改变与人交往的方式，父母就需要付出更多的时间和精力来改变自己跟孩子的关系。

好的陪伴，改变与孩子的关系模式

如果你的孩子存在社交关系模式的问题，你就从日常的陪伴中开始改变吧。以下是我提供的参考方向：

- 父母单向说教，改为亲子双向交流；
- 孩子犯错后的严厉惩罚，改为父母与孩子讨论下次怎样避免；
- 打、骂、吼的情绪模式，改为三次深呼吸，冷静五分钟后再面对孩子的问题；

- "每次都要听你的"，改为不影响安全和他人的情况下，给孩子决策权；
- 孩子在外受了委屈后，父母对孩子的冷嘲热讽，改为真诚共情，安抚孩子、帮助孩子解决问题；
- 以老人、保姆为主带孩子，改为以自己为主带孩子；
- 用电子产品搞定孩子，改为亲子游戏、亲子阅读、亲子旅行；
- 父母直接代劳，改为耐心等待孩子做完，允许孩子做得不好，允许他试错；
- 表现好、成绩好就奖励，改为孩子失败或气馁时，父母无条件地支持与理解；
- 不断纠正孩子的行为，改成关注孩子的点滴进步，并表扬他的努力过程；
- 指责孩子的错误行为，改为满足孩子的情感需求。

最后一点提到的"满足孩子的情感需求"，对许多父母来说是最难的。因为情感需求对大多数人来说，就像时间一样，知道却感受不到。如果你对孩子曾有严重的情感忽视，或者想爱却爱不起来，请不要自责，因为大多数无法跟宝宝建立情感联结的妈妈，是源于自己童年时也没有跟妈妈构建好母婴的依恋关系，这样的妈妈是很难给予孩子自己都不曾拥有的情感体验的。

有一个简单易操作的方法，每天坚持做，让孩子尽可能多地感受到你的爱，提升安全感，就会修复你们的亲子关系。

简单来说，就三个步骤：对视－对话－抚触。

对视：经常看着孩子的眼睛，跟孩子有目光的交流。专注的目光会给予孩子存在感，如果目光中还能透出一丝爱与欣赏，就会温暖孩子的心，让他觉得自己的生命很美好。

对话：既不是大人单方向地说教，也不是孩子一个人不停地说，而是有来有往的语言交流。在交流中，父母要减少否定、打压、评价，增加回应、认可、欣赏，让孩子感觉自己是好的，自己说的话是有意义的。

抚触：通过皮肤的触觉，唤醒孩子对爱的感受。抚触可不是婴儿的专利，即使是大孩子，也会很享受睡前的这种放松方式。但如果孩子已经超过 10 岁了，父母就要减少这种触摸，只用前两种就可以了。

在这个过程中，不只是孩子会感受到更多的爱，同时也会促使父母分泌更多催产素（一种被称为"爱情因子"的激素，不论男女都会分泌），唤醒内心对爱的感知。内心有爱，才有力量面对孩子的各种问题，才会在陪伴中多一些耐心和包容，逐渐觉察到孩子的情感需求，这也有助于亲子关系的修复。

良好的亲子关系，就像给孩子穿了一件黄金甲，会保护他不受外界伤害。即使受到了不公平对待，他也会自我调节，或者向父母求助。

父亲的角色不可缺失

爸爸的陪伴，能让孩子更好地适应外部世界

许多家庭的分工是爸爸负责赚钱养家，妈妈负责照顾孩子、料理家务。看似分工明确，却极不合理。这样分工的家庭，爸爸会很缺少存在感，妈妈则缺少自我价值感，相互之间很难体谅对方的辛苦。时间久了，彼此就会互相埋怨，这会影响夫妻的感情。

除此之外，爸爸和妈妈对孩子的心智发展有着不同的影响。按照精神分析理论：与妈妈的关系，代表着孩子心灵内部世界的发展；与爸爸的关系，代表着孩子心灵与外部世界的关系。所以，爸爸的陪伴会让孩子对外部世界充满好奇和向往，也有助于孩子 3 岁左右实现与母亲心理上的分离，把更多的注意力放到对外部世界的探索和社交中。

但爸爸们在带娃这件事上，可能都有过类似挫败的经历：同一件事，妈妈做可以，爸爸做就不行；睡前只要妈妈在身

边，不让爸爸靠近；妈妈给孩子穿衣服，他会乖乖配合，爸爸给孩子穿衣服，他就歇斯底里地哭；等等。这其实跟孩子的心理成长规律有关，从刚出生到 6 个月的宝宝，处于母婴共生期，觉得自己和妈妈是同一个人；6 个月以后，他才逐渐意识到自己和妈妈是两个人。3 岁以前，在孩子的潜意识中，他和妈妈是一个世界的，而爸爸不仅是外部世界的象征，也是想闯入他和妈妈这个世界的"敌人"。所以，小宝宝更喜欢妈妈的陪伴，对爸爸会表现出恐惧和敌意。

给妻子爱与支持

2 岁以内的小婴儿，对妈妈的需求远远超过爸爸。但并不是说这个家庭不需要爸爸，爸爸有个非常重要的责任——爱妻子。爸爸的爱会带给妈妈内心安全感和自我价值感。**妈妈内心有力量了，在面对孩子的各种哭闹、折腾时，就会更有耐心和爱心，孩子也会在妈妈稳定的爱中安心、快乐地成长。**

爸爸怎样爱自己的妻子呢？每个男人都有自己表达爱的途径，如果你暂时找不到合适的方式，我有一些小建议：

- 主动分担家务，照看一会儿孩子，让妈妈有时间休息；
- 在妈妈情绪崩溃时，抱抱她，安慰她，而不是嫌她娇气；
- 经常看着妈妈的眼睛，说"我爱你""有你真好""有你，我很幸福"；

- 所有收入交给妈妈，让她有安全感；
- 与异性保持恰当的社交距离，不与异性暧昧聊天；
- 每周一次的二人世界，一起吃烛光晚餐、看电影、逛街、喝下午茶、散步等。

孩子 2 岁以后，爸爸陪孩子玩耍的时间就要更多一些，这也是为了 3 岁以后，妈妈跟孩子之间心理上的分离做准备。如果爸爸不参与陪伴孩子，那么孩子就会对外部世界一直抱有恐惧和敌意，3 岁以后的社交发展将困难重重。所以，爸爸要理解并转化孩子的敌意，通过跟孩子玩打闹游戏、拼装玩具，给孩子读绘本等方式，让孩子有跟爸爸相处非常愉快的体验，让孩子在心理上感受到父爱。这份父爱会让孩子觉得外部世界是安全的、丰富有趣的，并逐渐产生向往和期待。

如果爸爸总是逃避带娃怎么办

在我们的集体潜意识中，大多都认同"女人带孩子，男人出去闯世界"的观点。而且，从出生开始，孩子就跟妈妈更亲密，对爸爸有些排斥，导致许多爸爸不自觉地逃避带娃。如果妈妈每天因此而抱怨，或者跟伴侣吵架，只会让家庭关系更糟糕。这并不利于问题的解决，反而会让爸爸们更想逃离家庭。所以，妈妈一定要想清楚自己想要的到底是什么，然后再思考解决方案。

如果你确定自己想要的是伴侣能分担家务或主动带孩子，让夫妻感情越来越好，那不妨尝试以下方法。

- 提前到网上搜一些亲子小游戏的视频，要简单、易操作，邀请爸爸每天晚上花 15 ～ 30 分钟时间，带孩子玩这些小游戏。

- 不管应不应该，只要爸爸为家庭做了有益的事，就要表达感恩。这是心理学上的阳性强化法，强化你希望对方保持的好行为，对于不好的行为则给予忽视。

- 主动表达内心的爱和需求，让爸爸知道他在家庭中非常重要，是被需要的。他是家庭的太阳，可以照亮和温暖整个家庭。

- 当爸爸要加班或应酬的时候，不指责、不抱怨，真诚地表达自己的担心和关心。如果爸爸提前回家，就给他一个大大的拥抱。

- 不在孩子面前争吵。当爸爸发脾气的时候，不去丑化他，而是告诉孩子，爸爸只是有点儿累，没管理好自己的情绪，让爸爸安静一下。

- 不要指望爸爸能处理好婆媳关系，大多数男人都没有这部分功能。如果你比婆婆更爱、更包容、更欣赏他，在婆媳关系中，你就占了上风。

- 夫妻关系大于亲子关系，让爸爸觉得，他在你的心目中的位置排在孩子的前面。

以上这些方法，是从心理学的角度给出的解决方案。

每个人都有被爱、被需要、被关注的需求，所以如果爸爸在家庭中真正获得了这些，他就会主动投入更多的时间和精力到家庭中。每个人在陪孩子玩的时候，都会被孩子的一个眼神、一个动作或者一句话给"萌化"了，爸爸更是如此。所以，直接提供陪伴方式，定好陪伴时间，减轻爸爸的陪娃压力，他就不会那么排斥带娃这件事了。而跟孩子相处的时间越多，他就越会牵挂这个小家伙，陪伴的时间也会越来越长。

以上这些方法，我也分享给了我的两万多名学员，得到了大量的正面反馈，证明非常有效。刚开始这样做确实有点儿难，因为妈妈们总会觉得委屈和压抑，但坚持两个月以后，爸爸的态度开始有了明显的转变，会主动陪伴小家伙了。半年后，夫妻感情也变得更亲密了。

耐心看到这里的你，一定希望夫妻关系得到改善，那就勇敢地走出第一步，突破旧有的认知，重新梳理你们的家庭关系。如果夫妻间的育儿观不一致，先不要急着去改变对方，因为这会让夫妻之间成为敌对关系，互相埋怨和指责。应该先改变自己，改变自己的育儿观、沟通方式、情感模式。你的改变会给自己带来积极的力量，你和孩子之间亲子关系的改善，也会温暖到伴侣。总有一天，他也会开始改变。

婚姻是需要经营的，喜欢看书学习的你，值得拥有这份幸福。

社交的底层能力（二）：语言表达能力

在社交中，孩子们经常因为无法准确地表达自己的想法，而产生矛盾和误会。玩什么、怎么玩、自己的感受等都需要通过语言精准地传达给对方，一个无法用语言表达自己想法的孩子，就容易用打、推、抢等肢体行为来表达自己的想法。

孩子的语言能力可不是随着年龄的增长，自己就发展出来的，必须有好的语言环境。这就需要养育人多跟孩子进行有效对话，帮他们形成用嘴巴说的能力和习惯。

如何引导孩子度过语言能力发展的每个阶段

- 0~8个月：孩子开始探索发声规律。父母的语速要慢，眼睛要看着孩子，把当下正在发生的跟孩子有关的事，用简单易懂的词语讲出来。比如："换裤裤啦！""吃奶奶啦！""妈妈抱抱！"当宝宝发出咿咿呀呀的声音时，父母也用咿咿呀呀的声音来回应他，他会非常开心。被及时回应的孩子，会积极、更早地使用语言来表达自己的想法。

- **8 个月～ 2 岁：** 孩子开始蹦字和词。继续前面的引导方式，再加上手语的配合，会有助于增加孩子的理解，使孩子对语言更加感兴趣。这里说的手语是指养育人自创的手势。像喝水，一边说"喝水水啦"，一边用手做出喝水的动作就可以。

- **2 ～ 3 岁：** 孩子开始丰富自己的词汇库。父母应停止手语和儿向语的使用。孩子说话时，父母要耐心听、少纠正、多回应，鼓励他多说。孩子在这个年龄段发音咬字不清晰是正常的，如果孩子在这个阶段出现"指一指"或者"口吃"的问题，父母也不要担心。可以放下手中的事，蹲下来，看着孩子，跟他说："我刚刚没弄明白，你再说一次。慢点说，我等着你。"另外，大多数孩子在这个年龄段开始喜欢说"不"这个字。这可不是故意跟你对着干，而是孩子的自我意识觉醒了，想要自己说了算。多给孩子一些选择权，有助于缓解孩子的逆反情绪。

- **3 ～ 5 岁：** 孩子开始连词成句，语言发展进入爆发期，同时也是诅咒敏感期。这个时候，孩子开始讲脏话、诅咒别人，"屎、尿、屁"变成了口头禅。这不是孩子学坏了，而是因为他发现语言是有力量的，有时一句话就可以让大人对他瞪眼，有时一句话可以让小伙伴笑趴下。所以，只要告诉孩子这是脏话，不要讲，不然会让对方觉得他没礼貌就可以了。另外，这个阶段的孩子讲话颠三倒四、没有条理，这是很正常的。只要你平时讲话、跟孩子读绘本时，语言是清晰、有条理的，孩子就会自我纠正。一定不要严厉地批评孩子，这容易让孩子形成自我否定，以后遇到重要场合或事情时，孩子会紧张得说不出话。如果孩子口吃，引导方式同上。如果孩子 4 岁多，咬字依然不清晰，建议去儿童医院做一下检查。

- **5 ~ 7 岁：** 逻辑开始变得清晰，孩子能有条理地表达一件较复杂的事情。他可能会有目的性地说谎，用吹牛来证明自己很厉害，经常喜欢说一些特别无聊的话。这个时候，父母一定不要急于否定他的品德，这会伤害孩子对自我的建构。为了证明自己，他会说更多的谎，吹更多的牛。所以，你要表达对孩子的信任，允许他犯错，多强调真诚是一种美德。孩子就会更喜欢说实话，即使犯错也敢于承认。

  如果孩子喜欢说闲话，你可以先给予倾听和回应，在日常的亲子共读中增加故事的延展和讨论。当孩子的语言表达更有层次、更丰富的时候，他的闲话也就越来越少了。

- **7 ~ 12 岁：** 孩子的语言表达已经非常好了，他可能会质疑父母的许多观点，越来越爱顶嘴。但这并不是一件坏事，这说明孩子开始有思辨能力，不会盲目地相信一件事，也敢于争取自己的权利了。如果父母不允许孩子顶嘴，那亲子沟通也基本上无法进行。想让孩子在外面敢于表达自己的观点，敢于反抗不公的待遇，遇到问题主动向你求助，父母就要在家里给孩子说话的权利，包括顶嘴的权利。

如果孩子的态度不好，简单提醒一下就可以了，因为这个年龄段的孩子有很强的心理防御。如果父母用批评的口吻指责他的态度不好，他很可能用破罐子破摔的态度来应付，沟通根本无法进行。很多时候，孩子就像父母的一面镜子，他会用那样的态度说话，也是从父母身上学到的。所以，作为成年人，父母需要先管理好自己的小情绪，用平等、真诚的语气回应孩子的顶嘴，允许孩子说出自己的不同观点，把顶嘴变成一场家庭的头脑风暴。在这个过程中，逐渐帮孩子养成理智地思考、冷静地沟通的好习惯。

如果孩子已经上小学了，甚至上五、六年级了，语言表达能力还是很差，就需要拿出大量时间进行强化训练了。

建议每天坚持做这些练习：大声朗读 10 分钟，读完故事后口述主要内容，对故事进行延展和讨论等。

除此之外，亲子之间的闲聊也很重要，但一定要把说的机会留给孩子，父母把耳朵竖起来，积极倾听并回应。如果两个月后，训练有效果，可以继续坚持。如果效果不明显，建议去儿童医院或相关机构做测评和辅导。

提升语言表达能力的亲子小游戏

游戏一：语言接龙（这个游戏适合 5 岁以上的孩子玩）

规则是一个人说出任意一样东西，另一个人要接上动作。比如，妈妈说"桌子"，孩子可以说"我擦过桌子"，或者"我见过桌子"。

完成接龙后，换另一个人开头，说过的东西和动作不可以再用。比如，孩子说"小狗"，妈妈可以说"我养过小狗"，或者"我喂过小狗"，不可以再说"我见过小狗"，因为"见"这个动作前面用过了。

等孩子的表达能力越来越好了，可以升级一下难度，把后面要接的动作改成怎么玩。比如，妈妈说"枕头"，孩子可以说"枕头大战，我跟妈妈用枕头对打"。

这个游戏既可以让孩子的语言脑快速运转，语言表达更丰富，又能够培养孩子的创造性思维，想出更多跟小伙伴的玩法。

游戏二：配台词（这个游戏适合 4 岁以上的孩子玩）

随意找一本绘本，最好是孩子没有读过的，从绘本中找一页人物表情比较丰富的，然后跟孩子分别给几个人物配台词。

比如，在下页的图中，当孩子们被蜘蛛卷起来以后，每个孩子的表情都是不同的。根据孩子的表情推理出他当时的心情，然后猜猜他可能会说什么。

这个游戏既能提升孩子的表达能力，又能培养孩子的同理心，对社交能力的发展也起着积极的作用。

社交的底层能力（三）：情商

　　情商，就是情绪智力，它关系着孩子一生的幸福，也是社交、竞争、合作、融入集体等必备的素质。低情商的孩子，在社交中总是阴晴不定，一点儿小事就会情绪失控；与别人互动时，总以自我为中心，忽视同伴的感受；出现社交矛盾时，容易"玻璃心"或者用攻击、破坏等极端方式来解决。

　　情商包含以下四项情绪能力。

第一项情绪能力：能准确感知自己的情绪

　　我们来到这个世界上，第一个表达情绪的方式是什么？

　　没错，是哭！

　　当妈的都知道，不同的哭声代表着孩子不同的需求。有时是饿了，有时是尿了，有时是肚子疼，等等。但随着孩子的成长，除了这些生理上的需要，越来越多的哭闹是跟情绪有关的，如伤心、害怕、生气等。

对于 2 岁以内的婴儿来说，我们的抚摸、拥抱、温柔的声音都可以让宝宝感觉好一些。但 2 岁后，孩子的认知能力提升了，当哭得停不下来时，他也想知道自己这是怎么了。所以，我们需要用情绪词来告诉孩子，他现在的这种状态叫"生气""伤心""害怕"……把看不见、摸不着的情绪用语言进行标注，这在心理学上，叫"心智化"。有了心智化的能力，孩子就开始把自己的一些情绪跟语言配对了，也明白自己是受一个叫"情绪"的东西影响，所以才会这么想哭、想闹、想吼叫，这种"知道"会带给孩子掌控感。

孩子 3 岁后，除了这三种基本情绪，你还可以向孩子说更多的情绪词，比如"委屈""失落""忌妒"等。逐渐地，孩子就可以越来越准确地认知自己的情绪了。

你可别小看这个过程，许多成年人在做情绪管理时，根本不知道自己当下到底在被哪些情绪所左右。比如，夫妻二人因为家务吵架，妻子只知道自己生气了，但如果只有生气这一种情绪，是不会那么难过的，在生气背后还隐藏着委屈、无助、迷茫、绝望等更为复杂的情绪。而且，大多夫妻的争吵都是已经忍对方很久了，也就是自我压抑了许多情绪却不自知。以致争吵时，彼此都觉得对方在小题大做，故意找碴儿。如果能及时觉察到这些叠加的情绪，并准确地说出它们的"名字"，在情绪这座小火山喷发前就及时地处理，你的情绪就会越来越稳定。

第二项情绪能力：选择合适的方式和时间表达情绪

我们首先要教会孩子如何准确地表达自己的情绪和感受。

比如，你的孩子跟另一个孩子玩得正开心，这时那个孩子的妈妈叫他回家吃饭，你的孩子明明很舍不得，却说了句："讨厌，以后都不跟你玩了。"

孩子用了这样一句话来表达自己的愤怒，但对方收到的却是绝交的信号。所以，我们要告诉孩子如何准确地表达自己的感受，而不是用一句气话来发泄情绪。

我们可以问一下孩子："我看到你们刚刚玩得很开心，你真的讨厌他吗？"这句话会引发孩子再次思考，自己说的是不是事实。

如果孩子说："我就是很讨厌他。"

你可以继续引导："有没有可能你还想跟他玩，他却回家了，所以你感到生气和委屈呢？"注意说话时的语气，一定要真诚、平和，不要带着嘲讽或指责。

等孩子承认自己的情绪后，我们再让他想想怎样表达自己的感受更好一些。比如：

- 我还想跟你玩，我舍不得你走，你回家我会生气的。
- 再玩一会儿可以吗？你一走，我会感觉很孤单。
- 正玩得开心，你却要回家，我特别失落和委屈，什么时候还能一起玩？

这样，孩子就会逐渐知道如何正确地表达自己的想法和感受，甚至还能跟对方讨论解决方案。

又如，孩子放学回到家，说的第一句话就是："我今天不想写作业了。"

许多父母一听到这句话，就焦虑得不行，然后开始跟孩子各种谈心、说教，最终孩子确实去写作业了，效率却非常低下。

想想看，难道孩子不知道自己必须写作业吗？

他当然知道。他说出这句话，其实是想表达自己的负面情绪：可能今天上课被老师批评了；可能今天的作业特别多，他担心写到很晚；可能体育课本来要踢球，结果被数学老师调课了……

孩子就是这样，一天的不如意积攒在一起，又不能在学校乱发脾气，所以回家一进门就会忍不住想发泄一下，但又不懂得如何准确地表达自己的情绪，所以用了"不想写作业"这句最容易引起父母关注的话。

我们要引导孩子正确地表达自己的情绪："上了一天的学，是不是有点儿累？能不能告诉我发生什么事了，让你这么不开心？"当你关注的是孩子的内心感受时，他会有被理解和爱的感觉，情绪有一半已经被转化了。接下来在聊天中，可以引导孩子梳理事件的前因后果，并让孩子觉察自己当时的情绪。逐渐地，他就开始学着用情绪词语更准确地表达自己的情绪。

这样的引导方式会让孩子对父母产生更多的信任，对自己的了解也会更准确、更积极。许多厌学的孩子，在内心深处都有类似这样一个自我认知：我是一个不爱学习的懒家伙，没人逼，我是不会去学习的。试问，这种认知是谁带给他的呢？一个认定自己懒、没有自控力的孩子，哪儿来的勇气和自信突破学习上的困难，挑战一个又一个目标呢？

孩子学会表达情绪以后，我们还要教会孩子区分场景，建立分寸感。

比如，看到同学穿了新衣服，孩子就说："你穿新衣服让我很生气，我讨厌你。"看到邻居，孩子就躲到大人身后说："叔叔长得很凶，像坏人，我害怕。"这确实是孩子的感受，但会让大家都尴尬，所以要帮孩子建立分寸感。

我们先指出这样说话非常不礼貌，让孩子向对方道歉。然后，我们自己也要为孩子说出这样的话，主动向对方表达歉意："不好意思，小孩子乱讲话，您别生气。"没有外人在的时候，我们再引导孩子换位思考，让他想想那句话会带给对方怎样的感受。如果有人跟他说类似的话语，他又会有怎样的感受。

通常孩子到了 4 岁才会发展出同理心，但并不是到了 4 岁才开始建立分寸感。3 岁左右，孩子有了一定的辨别能力，就可以引导他们换位思考了。虽然他们还是经常会说一些不合时宜的话，但随着年龄的增长，他们会越来越有分寸感。至于 3 岁以前的孩子，父母要有心理准备，随时做好向别人诚恳道歉的准备。

第三项情绪能力：能够处理好自己的情绪

你或许有过这样的迷茫：道理孩子都懂，但实际发生某些事情时，他却哭个不停，怎么安慰都没用。来看看你是否遇到过以下场景：

- 孩子跟小朋友玩球的时候被撞倒了，明明没有受伤，他却歇斯底里地放声大哭，这时孩子被恐惧、委屈、悲伤等情绪所影响；
- 孩子跟邻居家的小姐姐一起玩娃娃，走的时候非要拿走，姐姐不给就拼命地哭，这时孩子被愤怒、挫败、失落等情绪所影响。

类似事件还有很多，所以孩子一天哭个十几次，一点儿也不稀奇。那为什么孩子这么爱哭呢？因为他们常常被情绪脑控制。大脑边缘系统常被称为"情绪脑"，是婴儿大脑发育的第一个部分。情绪脑除了会产生恐惧、愤怒、悲伤等负面情绪，也会产生快乐、激动、兴奋等积极情绪。每种情绪都有着它的使命，比如快乐让我们有活力，恐惧让我们远离危险。

如果孩子哭闹的时候，我们强势压制，或者给予忽视，都会让孩子误认为自己的感受是坏的、是不重要的。一个长期被忽视或压抑自己情绪的孩子，是很容易出现抑郁等心理问题的。所以，我们要让孩子知道，每个人都有情绪，每个人都可以调节好自己的情绪。如果孩子被困在某种情绪中无法自拔，可以随时向

父母寻求帮助，这样做并不可耻，反而是很有智慧的表现。

前面我们讲了如何让孩子认知自己的情绪，3岁以后，我们还要教给孩子一些可以宣泄情绪的方式。比如，深呼吸、大哭一场、捏手指关节、撕纸、涂鸦、埋进枕头大叫等。一定要带孩子一起练习，让他亲身体验每种方法，并鼓励他寻找更多适合自己的宣泄方式。

随着年龄的增长，孩子的理智脑功能会越来越完善，他会找出更多处理情绪的方法。从最初的大哭一场，转为捏捏手指就去玩了。当然，这种转变，大多要到孩子上小学以后才会出现。如果你的孩子在小学以前没有做过情绪的教养，那就需要"补课"。给孩子充足的时间成长，逐渐发展出这种能力。

第四项情绪能力：有同理心，能感知和理解别人的情绪

幼儿园里有个孩子特别喜欢玩"医生看病"的游戏，跟她一起玩的孩子都要扮演病人，接受她的问诊、检查、打针等，但她只喜欢当医生，所以就要求对方一直扮演病人。最后，没有孩子愿意跟她一起玩，说她太自私、太霸道了。

其实是因为这个孩子缺少同理心，只考虑自己的感受，不在意别人的想法，甚至认为自己玩得很开心，别人也应该觉得开心，以致到最后没有人愿意跟她玩耍了。

这种情况大多出现在3～4岁的孩子身上，虽然他们已经

进入了社交敏感期，有强烈的交友愿望，但因为缺少换位思考的能力，大多是以自我为中心的。他们会与别人产生许多矛盾，并且总是觉得自己特别委屈。

对于这个年龄段的孩子，家长的养育重心要放在孩子情绪的梳理上，慢慢引导孩子理解人与人之间的差异化。让孩子明白，每个人的想法都可能是不同的：他喜欢小汽车，别人可能喜欢娃娃；他喜欢吃草莓，别人可能喜欢吃樱桃；他觉得很有趣的事，当事人可能会很生气。

大概 4 岁以后，孩子开始发展出同理心。我们需要在日常生活中多引导孩子换位思考，让他尝试理解别人的想法和感受。比如，在电梯里，他不跟隔壁奶奶打招呼，隔壁奶奶可能会怎样想；刚刚在沙池里，他直接夺走小朋友手中的铲子，小朋友会有怎样的感受；晚上 10 点了，他却在拍球，楼下的邻居是否睡得着；等等。

但我要提醒你，当孩子因为社交问题而非常愤怒或沮丧时，父母最好先共情，等孩子的情绪平静一些后，再引导孩子换位思考，这样会事半功倍。因为孩子的大脑功能还没有发育完善，当情绪脑开始发威时，他的理智脑就没办法很好地思考了，而同理心除了需要用到情绪脑，还要有理智脑等脑区的参与。所以，当孩子沉浸在自己的情绪中时，他是无法考虑别人的感受的。

就如"医生看病"游戏的例子，我们可以用下面三步进行引导。

第一步：先共情孩子。问问她："大家都不和你玩了，是不是有些伤心、失落、委屈？"然后抱抱孩子。如果孩子哭了，就让她哭一会儿，我们陪伴在旁边。

第二步：等孩子平静一些了，再问她："喜欢扮演医生还是病人，为什么？"孩子可能会说，医生好玩，病人没意思，等等。然后，引导孩子反思："有没有可能，其他的小伙伴也是这么想的呢？他们也更喜欢扮演医生，觉得总是当病人很没意思。是不是因为这样，所以他们不和你玩了呀？你觉得呢？"这样引导孩子换位思考，她马上就会明白问题出在哪里了。

第三步：跟孩子讨论怎样解决这个问题。下次再出现类似的问题时，孩子就会主动跟小伙伴商量了。

除了以上这些引导方式，还可以带孩子读一些社交类的绘本。在读故事的过程中，多问问孩子，几个主人公分别有着怎样的想法和感受。比如：

小脚鸭撒谎了，冤枉了兔子，小兔子会有怎样的感受呀？会不会感觉委屈和生气呢？

小红鱼错过了音乐会，它有怎样的感受呀？

朋友们为什么都在责备小青蛙呀？小青蛙有怎样的感受呢？

让孩子试着站在不同的立场去表达，这样他就更能理解他人的情绪了。

提升情商的亲子小游戏

这个游戏适合 3 岁以上，已经开始学习认知情绪的孩子。我们可以提前准备一些小字条，每张字条上写上不同的情绪。然后每人抽一张，用下面的模板轮流进行自问自答。一个人分享时，其他人要认真倾听，不可以纠正、指责或者解释，只可以点头，或者重复对方的话，作为回应。

- 你有（   ）的时候吗？
- 什么情况下会（   ）呢？
- 你（   ）时会有怎样的感觉／行为？

刚开始玩这个游戏时，最好由大人先开始，做一下示范，不要严肃，最好带点儿搞笑，这样孩子会更积极地参与。

比如：

你有（害怕）的时候吗？
自答："有啊。"

什么情况下会（害怕）呢？

自答："上周体检，有一个项目要抽血检查，我特别害怕，差点儿就被吓死了。"（做个鬼脸）

你（害怕）时会有怎样的感觉／行为？

自答："我害怕时，心会乱七八糟地跳，'怦、怦怦怦、怦……'额头会出汗，腿会变软。看到医生的针时，我都想哭了，但我这么大了，不好意思哭。于是，我告诉自己别害怕，但越这样想，我越害怕。所以，我就搓搓手、做深呼吸，这会让我感觉好点儿。"

这个游戏不只是提高孩子的情商，还会加深亲子间的了解，增进家人之间的情感。

养育是一场渐行渐远的旅行，不管你的孩子几岁了，总有一天要离开你，独自融入社会。帮孩子培养好社交的这三大底层能力，同时允许孩子"踩坑"，因为他需要丰富的环境去"试错"。正所谓"人教人，教不会；事教人，一次就够了"，不管是愉快的体验，还是"踩坑"的挫败感，都在不断磨合、升级孩子的社交能力。

如果孩子越来越懂得如何与人相处，如何处理各种矛盾，如何找到适合自己的小伙伴，成年后就能拥有真正滋养自己生命力的人际关系。

第三章

破局思维：
让孩子未来更具
竞争力

如何让孩子遵守规则又懂得变通

一群孩子聚在小区里玩游戏，但对于玩什么游戏，大家产生了一些分歧。有个小朋友想当公主，有个小朋友想玩抓妖怪的游戏，还有个小朋友想玩踢球的游戏……

　　每个人都有自己的想法，最后大家吵了起来，即将不欢而散。

　　这时候，出现了一个"破局者"。

　　破局者没有陷入无效的争论，没有坚持非要按照自己的来，而是换了一种思考方式："有什么适合一起玩的游戏呢？"

　　再举个例子。

　　楼下有好多孩子在一起玩捉迷藏的游戏，大多数孩子是自觉遵守规则的，但有一个孩子总是藏到约定的区域以外，还有一个孩子会在被抓到后耍赖。这样的现象在孩子的玩耍中很常见，面对这种不按套路出牌的孩子，有些孩子为了能让大家继续玩下去，会想办法调整规则。比如，藏到约定的区域外的人要停玩一次；有些孩子则非常生气，直接退出游戏，不再玩了。

前一种孩子的目标明确，懂得变通，有破局思维，能跟不同类型的孩子玩，更懂得如何与人合作，毕竟合作是两个人以上才能做的事，差异化是必然存在的。而后一种孩子虽然发展出了遵守规则的好品质，但遇事比较刻板，只能跟与自己契合的孩子玩，社交中有很大的局限性，成年后也会因为不懂得变通而缺少竞争力。

这种破局思维的变通性跟什么相关？是怎样发展出来的呢？

一方面跟孩子秩序敏感期是否顺利度过有关，另一方面跟父母养育中的弹性相关。

如何帮助孩子顺利度过秩序敏感期

先说说什么叫"孩子的秩序敏感期"。秩序敏感期的发展大概可以为分三个阶段。

第一个阶段：1 岁左右，发展的核心是稳定的环境

宝宝通过婴儿床等家具固定的位置、每天吃奶睡觉等固定的流程来建立秩序感，满足安全感的需求。如果环境经常变化，比如改变家具摆放的位置、变换养育人等，就会破坏宝宝秩序感的发展。

第二个阶段：2 岁左右，发展的核心是自主权

宝宝的自我意识开始萌芽，想要自己说了算，对于自己认定的秩序会主动遵守，而对于不认可的秩序，会表达出反抗，经常说"不"。比如，每天都是喝完奶后再出门，今天因为要赶时间，妈妈就让孩子在路上喝奶。结果，孩子原来的秩序被打破了，于是孩子出现各种不配合、闹情绪等情况。如果父母因为不了解孩子的想法，而强势要求孩子必须听大人的，孩子就会对权威产生抵触和恐惧心理，因为权威取代了秩序。这会让孩子产生失控感，破坏了他的安全感。

第三个阶段：大概在孩子 3 岁，发展的核心是执拗

这是让父母最头疼的一个阶段，因为以往用的所有方法几乎都不好使了。孩子软硬不吃，就要按自己的来。其实，这是孩子在坚定地维护自己已经认定的秩序。如果父母认为这是孩子的一种倔强，要给他改"毛病"，那么就会严重破坏孩子秩序的发展。孩子要么对规则的遵守非常刻板，就像前面第二种孩子那样；要么就会成为故意破坏秩序的人，比如成年人中会有插队者、逆行超车者，他们不是变通，而是自作聪明地破坏规则，因为他们的内在秩序被破坏了，这种破坏产生了攻击性，总想找到释放的出口。

当然，秩序敏感期充分满足的孩子，会随着审美敏感期的到来而逐渐发展出灵活的变通性。审美敏感期大概在 4 岁，发展核心是追求完整和完美：从最初对事物的追求，比如香蕉上有黑点就不吃，画画的纸不可以有折痕；发展到对自身形象的追

求，比如涂妈妈的口红，必须穿某件衣服才肯去幼儿园；再上升到对环境、规则的追求，比如看到有人乱扔垃圾，会生气地批评别人，因为他知道秩序是大家都必须遵守的。

秩序敏感期和审美敏感期都顺利度过的孩子，在 5 岁以后会变得既能主动遵守规则，又有灵活的变通性，孩子在未来的社会发展中会更有竞争力。

为了让你在养育中更有方向，我帮你总结了几个关键点。相信在面对孩子的执拗时，你会从容一些。

2 岁前，尽量给孩子提供一个稳定的成长环境，不要随意搬家、变换养育人、改变家居摆设。

执行：如果不得已而为之，可以通过小枕头、妈妈的睡衣、床单、小毯子、小玩偶等依恋物的方式，帮助孩子过渡。但不能只依赖、依恋物，养育人跟孩子之间的情感互动才是最重要的。

2 岁后，多给孩子选择权，让他感觉大多数时候是有自主权的。

执行：这个选择是有合理范围的，比如问孩子是自己去刷牙，还是妈妈陪他去刷牙。也就是说，刷牙这个行为是必选项，但可以选择刷牙的方式。

3 岁后，注重孩子对规则的理解，用孩子听得懂的方式解释规则。讲完后，让孩子说一遍，并用具体的问题确认他是否真的听懂了。

执行： 比如，孩子睡前不想刷牙，可以告诉他不刷可能会长蛀牙，让孩子重复一下这句话。然后，问孩子以下几个具体问题。（1）不刷牙，多久就会长蛀牙？没有人知道，但等到发现时已经晚了。（2）长蛀牙是什么感觉？用牙签扎一下牙龈，感受疼痛。（3）谁可以保护牙齿？牙刷和牙膏。

在不影响安全、不打扰他人的情况下，尽量满足孩子的需求。

执行： 比如，孩子非要在墙壁上涂鸦，可以先跟孩子商量是否可以在纸、废旧 T 恤或床单上涂鸦。实在不行，就约定好区域，比如只有走廊的这面墙可以。

提前跟孩子定规则，尤其是 4 岁前都不要临时增加新的规则，除非很特殊的事件。

执行： 比如，吃饭前，孩子饿了，闹着要吃零食。如果以前没有说过饭前不可以吃零食，就先满足孩子，并告知下次不可以，因为会影响肠胃的健康和营养吸收。孩子答应后，再给他零食。

当孩子执着于一个不合理的行为时，先共情，再寻找替代方案。

执行： 比如，孩子要在公交车上跑和跳，可以先进行共情，理解他的烦躁和无聊，然后跟孩子商量一起做点儿什么打发无聊的时间，比如看绘本、玩玩具、画画、拍手、撕纸、数手指等。

弹性养育：做聪明的父母，给孩子一些空间

给孩子一些弹性和空间

培养孩子破局思维的变通性，还跟父母养育中的弹性相关。

孩子眼中看到的世界和大人看到的完全不同。当你看到路边有一个扣在地上的冰激凌甜筒，感觉很恶心，要绕道而行时，孩子却在关注甜筒上忙碌的小蚂蚁们，甚至想知道这个甜筒是什么味道的。

这个时候，如果你停下来，走进孩子的世界，陪他一起观察，并认真倾听他发现的"小秘密"，他就会对更多事物产生好奇，对知识充满热情。同时，他也懂得了尊重和欣赏别人的不同喜好。

但如果这个时候你一脸嫌弃、冷漠地直接把孩子拉走，并告诉他要讲卫生，离这些脏东西远一点儿，那么孩子看世界的目光就会变得暗淡，因为他对世界的探索和欣赏必须要建立在"大人的感觉"之上。这样的孩子会缺少变通性，他脑子里更

多的是各种对与错的条条框框，而不是丰富多彩、与众不同的风景。

尧尧喜欢玩一种叫作"汽车华容道"的玩具，是一款锻炼空间思维和逻辑思维的益智类小玩具。就是移动各种阻挡在前面的车，最终把目标车开出停车场。有一次，他在玩的时候，怎么也无法过关，于是开始用小汽车叠高高。

如果是你看到孩子的这个行为，会怎么做呢？

我在直播时问过这个问题，当时有 2000 多位家长在线。他们的回复大多是，要求孩子回到游戏中专心闯关，惩罚他不能看电视或吃零食，陪他一起回到游戏中闯关，让他到门口罚站直到认错。

只有少数几位家长跟我一样，直接陪孩子一起玩叠高高的游戏。这样做并不是在鼓励孩子半途而废，而是尊重和欣赏孩子的差异化思维，把自主权交还给孩子，允许他用自己的方式调节情绪。每个孩子都是天生的自我疗愈师，当他们觉得这件事产生的感受让自己很难受时，就会选择一些方式来自我调节。放弃、换个玩法、玩更简单的，都是他们用来应对挫败感的方式。等他们恢复平静了，竞争的天性会让他们再次回到挑战中，自我突破。

逼迫孩子听父母的，凡事按大人的节奏来，孩子感受到的是"被动"，"被动"会带给他消极、逆反、刻板的固定思维。而尊重孩子的心理需求，按孩子的节奏来，孩子感受到的是"主动"，"主动"会带给孩子积极、创新、灵活的破局思维。

立规矩时别"死磕"

除此之外，在日常生活中给孩子立的规矩也要有一定的弹性。比如：每天晚上9点睡觉，周末可以稍晚一点儿睡；桌面要保持整洁，但如果最近几天要在上面做一个"空间站"，在完工之前，可以先不收拾。

父母的弹性会让孩子更灵活地看待规则，别担心他跟你讨价还价。这是孩子认知升级的途径之一，因为讨论还价的前提是熟知规则，并且要找到合适的理由作为突破口，所以这也是为破局思维打基础。为了找到一个能说服你的理由，孩子需要整合、梳理有效的信息，寻找替代方案，重新定义规则，逻辑清晰地跟你辩论。如果孩子提出的要求非常不合理，你要做的就是用共情加反问的方式，让孩子更明确规则的用意，然后自我约束。

比如，我跟尧尧约定好每晚8点半洗脸、刷牙。孩子嘛，总想多玩一会儿，所以我们之间的博弈就开始了。

3 岁的时候

先做情感回应，告诉他想玩的需求是正常的，每个人都应该学会让自己快乐，我也希望他快乐，但睡得太晚，会影响身体的健康和发育，因为这会伤害到他，以后就不能玩了。这个时候，他还没什么合理逻辑，更多的是情感层面的需求，所以我梳理完情绪后，陪他一起洗脸、刷牙。

4 岁的时候

也是先做情感回应，然后开始一番讨论。讨论中，我会反问他，制定这个规则的目的是什么。当"保护自己的健康，让身体和大脑充分休息，以后有更多尽情玩耍的机会"这句话从他的嘴里说出来的时候，就不需要再为规则而争论了，因为他已经明白这样做的意义了。但为了鼓励他能继续讨价还价，我答应了他提出的一个小要求，就是按约定时间洗刷完，可以骑在爸爸身上走几圈。因为这个阶段他基本可以遵守约定了，并且开始思考怎样给自己争取更多玩的时间。虽然逻辑不通，还有点儿胡搅蛮缠，但要给他一点儿"甜头"，以示鼓励。

6 岁的时候

他提出自己玩的时间太少了，要求晚 20 分钟洗脸、刷牙。经过一番讨论，我们打算用一周时间做试验。如果他真的可以像自己所说的那样能够加快洗漱速度，不影响上床睡觉的时间就可以改规则。结果一周后又恢复了之前的约定时间，因为他睡的时间越来越晚，第二天起床还会闹情绪。

8 岁的时候

他提出用三天时间尝试晚 30 分钟洗漱。一周后，正式更改规则，因为他确实做到了快速、保证质量地完成洗漱，按时睡觉。

孩子讨价还价怎么办

如果孩子跟你讨价还价，有几个细节需要注意。

- 不要用高高在上的语气跟孩子说话，这只是在满足你自己的权威感。对于敏感、软弱的孩子来说，这是一种打压，会让他被动地服从，没有"破局"的勇气。
- 在讨论的过程中，最好跟孩子有眼神上的交流。如果孩子的眼神飘忽不定，说明他缺少自信，很难有自己的观点。你可以适度地"放水"，让他感觉自己的意见是很重要的，自己的思考是有意义的。
- 如果孩子不按套路出牌，跟你耍赖，你可以坚定而温和地告诉他：可以撒娇，但规则不会因为他的撒娇而改变，他必须有合理的理由。
- 如果孩子的逻辑很清晰，你一时想不到如何反驳，可以给出一个时间段，让他尝试提出的新规则。等你有了新的立场，再跟孩子讨论。
- 不要担心讨价还价中"输"给孩子，因为你赢得的是孩子的勇气和韧性。一个从小在父母面前可以畅所欲言、说出不同意见的孩子，在长大进入社会后，也会有勇气表达自己的独特观点，会多方面地思考解决问题的途径。

培养孩子临危不乱的应变力

如果你是一个墨守成规的人，不理解培养孩子破局思维的意义是什么，我再给你分享一段我在职场上的亲身经历，或许会对你有所启发。

在我任职副总经理期间，公司有一个实习生让我印象深刻。当时，他在跟一个500人的会议项目，由于酒店销售部的失误，会务组的茶水忘记提前准备了。会议期间，所有服务员都在忙茶歇，根本顾不上会务组。这个实习生当即给我打了一个电话，问是否可以直接买矿泉水给会务组的老师。他在酒店后门看到一个小卖部，已经问过有成箱的矿泉水卖，还可以直接送到酒店里。

这是一个突发状况，而且失误是由酒店方造成的，大多数实习生会按照原定计划，盯着酒店的领班，不停地催他们上茶水。但大家都在忙，而且眼下最重要的是先服务好参会人员，所以"催"在这个时候根本解决不了问题。这个实习生是第一次跟会，没有什么经验，但他有着破局思维，跳出原定的工作流程，想出一个更高效的解决方案，然后带着他的方案来向我请示。

我用了三秒钟的时间回复他："好！所有费用公司报销，你去做吧。"我们工作的核心是要服务好所有参会人员，但会务组才是最终跟我们结账的人，而且很大程度上决定了后面的会议是否继续与我们合作。就这样，他为公司解决了一个潜在的危机。

做管理的这些年，我总结并制定了一套非常成熟的人才选拔培养机制，但对于像这位实习生这样的人才，我都是破格录取并亲自培养的，因为他们灵活机动的思维模式会提升公司的核心竞争力，也更容易成为公司未来的骨干力量。

大量的心理学实验证实，有近 70% 的人是盲从者，他们习惯认同和服从已经定好的规则。即使觉得不合理，他们也会严格执行。这样的人适合在公司做一些基础工作，就像是流水线上的工人，只要做好自己分内的事，其他与自己无关。但逆水行舟，不进则退，随着时代的发展，这些基础工作很快会被机器人或者年轻人取代，中年危机就会找上门，这也是大多数人的生活状态。

而拥有破局思维的人是少数，他们能理智地跳出规则，用发展的眼光看待规则中的不合理，并进行升级和改进，让规则服务于目标，创造更多的发展机会和更大的蛋糕，这也正是人工智能所无法取代的能力。即使是刚刚发布的，被称为论文都可以得满分的 ChatGPT，在这样的人才面前，也只能乖乖地做一对翅膀，等待主人的"驾驭"，帮助主人"飞"得更高、看得更远。随着年龄的增长、经验的积累，他们会更具竞争力，成为各大猎头公司青睐的目标人物，创业成功的概率也会更高。

养育一个听话、懂事、绝对服从的"乖宝宝"，父母确实很省心，就像《西游记》里的沙和尚，从未让唐僧操心过。但养育一个对任何事物都有着丰富视角和自我意识的"孙悟空"就不同了，他可不怎么听话，甚至经常质疑和挑衅你的权威，让你操碎了心，但他独具慧眼的辨别力、临危不乱的应变力，总能在关键时刻力挽狂澜。所以，父母的格局在很大程度上决定了孩子未来的竞争力。一个有弹性的家庭养育环境，会给予孩子破局的勇气和智慧，也会给予孩子反复试错和从头再来的韧劲。

第四章

"妈妈，我不想
讨好别人了"

什么是讨好型人格

小 Q 接到朋友小 K 的电话，说最近家里要买房子，首付款还差一点儿，想跟小 Q 借 5 万元钱，并保证一年之内肯定还。小 Q 虽然有一份比较体面的工作，收入也还不错，但平时的开支比较大，存不下多少钱，虽然 5 万元钱确实能拿得出来，但如果借给小 K，自己接下来就要节衣缩食了。

因此，小 Q 有些纠结，不想借钱给小 K，但又不好意思拒绝，只好硬着头皮答应了。接下来的这一年时间，每每想到这 5 万元钱，小 Q 都会有些烦躁。如果小 K 到期不还钱，自己年底想买车的想法就泡汤了。但他又不好意思催着对方还钱，担心伤了朋友感情。

如果你是小 Q，会借这 5 万元钱吗？

在上述案例中，有几个细节是需要注意的：一是小 Q 并不想借钱；二是借钱后，他不好意思要求对方还钱。

如果你已经注意到这两个细节，依然选择借钱，甚至认为这是高情商的表现，那我想你跟小 Q 一样，都有讨好型人格。

讨好型人格是指一味地讨好他人，而忽视自己感受的人格。

你可不要以为这是成年人才会有的人格特征，如果一个成年人具有讨好型人格，大多跟家庭的养育方式有关，是在童年时就已经形成了。如果父母是讨好型人格，那他们的孩子大多也会受父母的影响，形成讨好型人格。

不管是在幼儿园还是小学，我们都会看到这样一类孩子：

- 父母刚给他买了新的玩具或者文具，他明明很喜欢，却主动送给其他孩子；
- 同学没带课本，他马上把自己的课本给对方，导致自己上课要看同桌的；
- 在班里特别热心，谁找他帮忙，他都会答应，从来不懂得拒绝；
- 跟小朋友产生分歧时，他会马上放弃自己的意见，迎合对方的想法。

如果你的孩子有以上这些行为表现，大多会有讨好型人格。

讨好型人格与高情商的区别

你可能想问：热心助人、主动分享、听话懂事，这不是我们最希望孩子具备的品质吗？以此赢得友情，难道不是高情商的表现吗？

没错，这些品质确实很好，但如果是以委屈自己、牺牲自己的利益为前提，那就不是高情商的表现，而是一种因为自我价值感极低，而发展出的讨好型人格。

具有讨好型人格的孩子，在社交中会通过不断付出和讨好来赢得别人的认可和友谊。他们会把别人的需求摆在第一位，尽可能地做一个别人眼中完美的好人，让所有人都满意。但长此以往，会造成心理上的失衡，容易陷入焦虑、迷茫、委屈的情绪旋涡中。

就像前面案例中的小 Q，明明不想借钱，却不敢拒绝，因为担心对方会否定自己。虽然借钱给别人让他感到苦恼，但如果他拒绝了小 K 的请求，那么接下来的很长一段时间里，他会更加难过。因为有讨好型人格的小 Q 太在意别人的看法和感受了，所以内心会产生巨大的愧疚感，觉得是自己太自私、太小气，辜负了小 K 对自己的信任和期望。那种感觉更像是他欠了小 K 的钱一直不还一样。

这就是讨好型人格的特点，更在意别人对自己的看法，而忘记了自己也有难处，不借钱也在情理之中。之后，他就会对自己展开一系列的攻击和否定，陷入精神内耗中。

讨好型人格与高情商的区别

新文具　很喜欢

讨好　你喜欢就送你吧。（你喜欢这个吗? 送给你。）

高情商　我也很喜欢，不能给你。可以借给你另一个。

高情商　如果这个会让你心情好一些，我愿意送给你。

讨好型	被动	求认可	他人感受	出自恐惧
高情商	主动	目标明确	自己感受	出自"爱"

接下来，我们谈谈到底什么是高情商，什么是讨好型人格。为了帮助你更好地理解，我用案例的形式来解析。

案例

妈妈给小 y 买了一支新钢笔，颜色是小 y 特别喜欢的粉红色。第二天上学，朋友小 z 看到了这支钢笔，特别喜欢，想让小 y 送给自己。

以下三种回复，你认为哪种是高情商的表现，哪种是讨好型人格的表现？

A."既然你喜欢，那就送给你吧。"

B."我也很喜欢，不能送给你。如果你的笔不好用，我可以借给你另一支。"

C."这支钢笔确实很好看，我也很喜欢。""我刚刚听说了你家里的事情，这对你来说一定很难过吧。如果这支钢笔会让你的心情好一点儿，我愿意送给你。"

答案与解析

A 属于讨好型人格。明明自己很喜欢，却因为同学也喜欢，而压抑自己的需求和感受，用钢笔来讨好同学。另外，有讨好型人格的孩子是不敢拒绝别人的，因为他们会担心对方生自己的气，为此忐忑很久，所以干脆就自我欺骗：其实，钢笔也没那么好，送给同学也没关系，还能赢得同学的友情，这很值得。

> B 属于高情商的表现。可以清楚地表达自己的感受，并明确地拒绝对方的要求。就算是帮助对方，也是在不牺牲自己喜欢的钢笔的前提下。
>
> C 也是高情商的表现。虽然跟 A 一样，都是把自己心爱的东西送给了对方，但这里有四点不同，这四点也是区分讨好型人格与高情商的重要指标。

一是目标不同

A 是以讨好同学、希望自己被认可为目标，C 是以安慰对方为目标。

二是主动与被动

A 是当同学想要时，不敢拒绝，因为担心关系破裂，所以就被动地、习惯性地把心爱的东西送给对方。C 是权衡之后，主动选择用钢笔来安慰同学。

三是感受主体不同

A 为了满足别人的感受，而不得不忽视自己的感受，把东西送给对方。C 是清楚地知道自己的感受，并明确地表达了自己的感受"我也很喜欢"，但因为想安慰对方，所以主动做出了选择，愿意把自己喜欢的东西分享给对方。所谓"高情商"，就是要知道自己的真实需求和感受，在不伤害自己的前提下，分享与助人。所以，B 和 C 都属于高情商的表现。

四是动力不同

A 的背后动力是恐惧，因为担心失去别人的认可和关系的破坏而送出钢笔。C 的背后动力是爱，选择用对方也喜欢的钢笔表达自己的关爱之心，带给对方一些安慰。

讨好型人格会带给孩子哪些困扰

现在，我们知道了讨好不是高情商，那么讨好型人格到底会带给孩子哪些困扰呢？我们为什么要避免把孩子培养成讨好型人格呢？

我用一张图表，简单总结一下。

讨好型人格的负面影响

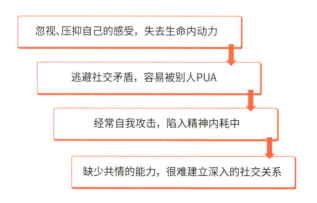

然后，我们一起来分析，讨好型人格的四种负面影响。

负面影响一：忽视、压抑自己的感受，失去生命内动力

我在前面的案例分析中提到过，讨好的动力来自恐惧，孩子会因为恐惧而不得不经常压抑自己的真实需求和感受。著名的"白门实验"证实恐惧对一个孩子的影响，远远超过奖励。

名词解释

白门实验

盒子中间放一道门，一面是白色，一面是黑色。然后分组实验。

其中一组，黑色区域放进一只小老鼠，在白色区域放一块奶酪，小老鼠闻到味道后会撞开中间那道门去找奶酪。另一组，在黑色区域放进另一只小老鼠。这次白色区域没有奶酪，但黑色区域有轻微的电击，小老鼠受到惊吓后会撞开中间的门，躲到白色区域。

两组分别反复这样做几次，让老鼠产生记忆。然后，两组同时撤掉奶酪和电击，但小老鼠还是会往白色区域跑。

最终的实验结果是，有奶酪诱惑的小老鼠只尝试撞门七八次就放弃了，而受到电击的小老鼠反复冲过白门多达 50 次才安静下来。

以此证实，恐惧的力量要比奖励的力量大得多。

一个总是忽视和压抑自己感受，习惯性迎合、讨好别人的孩子，会逐渐失去对自己真实需求的感知，并且会不自知地形成一个围绕着别人的需求和感受而活的虚假自我，这在心理学上叫"假自我"。

活在"假自我"中的人，身体和别人的"自我"连在一起，在社交中容易受别人的控制，无法真诚、平等、健康地与人交往，身心是分离的状态。因为无法形成完整的自我，所以生命力也得不到很好的伸展，在成长的过程中缺少内动力。一旦失去了讨好的对象，他们就会进入"躺平"的生命状态。

我经常跟家长们说，小学阶段没有所谓的"学霸"，如果有，也是存在许多水分的。因为有些孩子是用提前学的"抢跑"方式得到好成绩，有些孩子是为了讨好父母，不得不做一个父母眼中爱学习的好孩子。第二类孩子，动力就来自讨好父母，一旦进入青春期，他们的自我意识就开始变得异常强烈，开始崇尚自由、个性的生命状态。他们想做自己，不想再讨好父母了，就会失去学习的动力，成绩开始下滑，甚至产生厌学的情绪。

想想看，你身边是否有这样的成年人：每进入一家新公司的时候，都特别殷勤，做什么事都很主动，对同事也特别热情，总是抢着帮别人分担工作。一段时间之后，他就开始变得懒散，经常抱怨。面对工作上的问题，他总是表现出无力感，认为是领导在针对自己，刻意为难自己，最终选择辞职。

这是因为刚开始大家都不熟，一个人的殷勤就很容易得到别人的感谢和认同。而职场终究要的是业绩，工作能力才是最重要的，一个总是把注意力放在讨好、迎合别人身上的人，自己的工作自然会有所疏忽，引起领导的不满。当他已经无法用自己的殷勤得到别人的认可时，就会失去讨好的动力，进入"躺平"状态。

负面影响二：逃避社交矛盾，容易被别人 PUA

有讨好型人格的孩子，害怕与别人发生冲突。每当感觉小伙伴快要生气的时候，他们就会马上示弱，主动迎合对方，让对方没有发火的理由。这样做造成的结果就是，他们永远不会处理和别人的冲突，总是在心里过度地放大冲突带来的危害，让自己感到恐惧。

当与小伙伴的想法有分歧时，他们会主动做出退让，放弃自己的立场，希望赢回对方的认可。所以，他们没有处理社交矛盾的能力，总是习惯性逃避，逐渐变成社交关系中的弱者。

这样的孩子在长大成年后，很容易被别人 PUA。

PUA 的原意是"搭讪艺术家"，大多指男性用各种手段对女性进行情感操控，但在现今社会，PUA 已经变成了一种常见的情感操控手段。不只是在男女关系中，还会存在于校园、职场、买卖等关系中。网络骗局、黑心老板等都是用 PUA 的手段来让对方乖乖听话，心甘情愿地被利用、被骗。

PUA 最有效的一环，就是"打一巴掌给一个甜枣"。

有讨好型人格的人最在意的就是别人对自己的看法，所以当对方用"打一巴掌"的方式进行自尊打压时，讨好型人格的人会不自觉地认同对方的打压，因为这种打压模式原本就在他们童年形成的"内在关系模式"中（父母对孩子的否定和打压）。而后"给一个甜枣"，会让讨好型人格的人看到希望，觉得自己是有可能赢得对方认可的，然后为了得到更多的"甜枣"而持续地讨好。最终变成提线木偶，任人掌控。

负面影响三：经常自我攻击，陷入精神内耗中

有讨好型人格的孩子，会让自己陷入一个很复杂的逻辑陷阱里，就是他们认为"只要我对别人好，别人也应该对我好"。比如，孩子送给同学一块好看的橡皮，在他的认知中，对方一定也要回送他一些东西，或者跟他一起玩。如果对方没有给予他期待的回应，他就会对自己失望。

注意！是对"自己"失望。

因为讨好型人格都属于对内攻击型，他们总觉得是自己有问题。接下来就会想是不是自己送的橡皮不好用，样式别人不喜欢等，然后想办法送给对方其他的东西，继续讨好对方。也就是说，对方的不回应或者一句否定的话语，都会让讨好型人格的孩子纠结很久，陷入精神内耗中。

所以，大多有讨好型人格的孩子，**专注力和时间都用来跟自己"对战"了，大多的精力也都用在了内耗上，哪里还有力量发展自我呢。**

负面影响四：缺少共情的能力，很难建立深入的社交关系

在社交中，有一项很重要的能力，就是共情。共情也叫"同理心"，是对别人情绪和感受的理解。这需要站到对方的角度思考问题，解读对方的情绪。前文提到过，一个总是忽视和压抑自己感受，迎合、讨好别人的孩子，会逐渐失去对自己真实需求的感知，形成一个"假自我"。

想想看，一个对自己的心理需求都无法解读的人，如何设身处地地替别人着想呢？所以，有讨好型人格的孩子，根本不知道对方的心理需求是什么，总是盲目地安慰和讨好他人。

这种方式对于小一点儿的孩子还是有用的，但随着年龄的增长和认知能力的提升，孩子们的交友不再只是一起玩那么简单，而是希望有个可以交心的朋友，也就是找一个"懂我"的人分享自己的小秘密，在讨论中增加彼此的阅历。而有讨好型人格的孩子活在"假自我"中，他们没有自己的观点和思想，也没力量和勇气提出不同的观点。对朋友来说，他们更像是复读机，没有情感价值，朋友与他们只能渐行渐远。

所以，有讨好型人格的孩子看起来人缘好、朋友多，却因为缺少交心的朋友而时常感觉内心孤独。出于对孤独的恐惧，他们又会继续卖力地讨好别人，尽力满足身边人所有的要求，像一个永远停不下来的陀螺，把自己搞得晕头转向，却并不幸福。

孩子为什么会形成讨好型人格

既然讨好型人格对孩子未来有这么多的负面影响，那应该怎样避免呢？

任何问题都是有果必有因，孩子会形成讨好型人格，跟成长环境和养育人的养育方式有直接关系。**我们要先知道问题的根源，堵上养育漏洞，然后向生命力的"蓄水池"中加水，才能帮助孩子形成健康、阳光、强大的心理状态。**

以下四点是最常见的、导致孩子讨好型人格的养育方式，先做一个自查，看看你有没有"踩雷"。

导致讨好型人格的错误养育方式

养育人给予"有条件的爱"

孩子经常被父母打、骂、吼、冷暴力

> 养育人总是否定和打击孩子

> 养育人有严重的讨好型人格

第一点：养育人给予"有条件的爱"

什么是"有条件的爱"呢？

简单点说，就是孩子表现得好，养育人会给予关注和爱；孩子表现得不好，养育人就给予忽视和冷落。

这一点是许多家庭都存在的问题，比如当孩子考了好成绩、主动上台表演、在亲友面前展现才艺的时候，父母就给予拥抱、亲吻、微笑，甚至礼物；而当孩子考砸了、不敢上台、不肯表演时，父母就会表现出失望、生气，拥抱、亲吻、微笑、礼物全都没有了。

当父母回应孩子的态度如此不同时，孩子在心理上就会形成这样一种认知：做什么事情，都要爸爸妈妈高兴才行，自己的价值就是来自好好表现，让他们满意。孩子将自我价值感完全建立在别人的评价和看法之上，当然会不自觉地以他人的感觉为主。

如果一个孩子有太多的事情做不好，总是达不到父母的要求，他就只能通过讨好父母来继续维持父母对自己的关注和爱。这种讨好会逐渐内化于心，长大后，他也会认为爱和喜欢都要靠讨好和交换得来，只有讨好别人，才能获得别人的认可和接纳，才能体现出自己存在的价值。所以，他小时候讨好父母，上学后讨好同学和老师，长大成年后讨好同事、领导以及身边所有人。

第二点：孩子经常被父母打、骂、吼、冷暴力

从小被父母打、骂、吼、冷暴力的孩子，会在自己时好时坏的情绪中患得患失，严重缺乏安全感和归属感，因为他们无法确定父母是否爱自己。

小孩子犯错，往往跟他们的各个敏感期、神经系统未发育完善、认识水平有限相关。即使大人告诉孩子错在哪里了，在很多情况下，他们也是不能完全理解的，他们只会因为恐惧而不得不回应"知道错了""下次不敢了"等。

对孩子来说，父母的打、骂、吼是没有规律的、突然出现的，可能前一分钟还在温柔地说"宝贝，过来吃水果"，后一分钟就因为孩子迟迟不过来而咆哮。

从父母狰狞、冷漠的表情中，孩子感受不到爱。他们并不知道父母此时是因为情绪失控，而表现得如此暴躁和恐怖，他们会认为是父母不再爱自己了。这会让孩子感到恐惧和无助，他们除了撕心裂肺地哭，没有其他办法。

有些父母知道打骂孩子不好，于是就用冷暴力来惩罚孩

子。孩子哭闹时，爸爸假装没听到，不去理会；孩子叫妈妈时，妈妈的眼睛看向别的方向，表情冷漠。这种方式，看似没有伤害孩子的身体，但对孩子的心理伤害比打、骂、吼更可怕。**精神分析有句名言："无回应之地，即绝境。"** 所以，冷暴力会让孩子感到绝望。这种绝望让他们不得不主动示弱，讨好父母。比如，有的孩子抱不到妈妈，就亲妈妈的手，有的孩子会不停地说"妈妈，我爱你"，还有的孩子会乖巧地去做父母希望他做的事情，比如学习、不再打扰父母。

这些行为背后的动力，都是源自绝望带来的不安和恐惧，而不是爱。随着年龄的增长，孩子会越来越懂得如何讨好自己的父母，有想法也不敢表达，渐渐养成了顺从的心理习惯。

还有一些孩子，跟父母的关系很差，在家里跟父母处处对着干，但他们依然需要寻找归属感，于是在与外人相处时，会迎合、讨好。这也是有些青春期的孩子，在融入不好的"圈子"后，开始吸烟甚至吸毒的原因之一。通过前面提到的"白门实验"，我们了解到，恐惧的力量远远大过奖励的力量。对他们来说，被排挤和被否定实在是太可怕了。**他们好不容易在"圈子"里找到了归属感，因为担心失去这种存在感，所以即使知道这样的行为是错的，也依然会盲从。**

第三点：养育人总是否定和打击孩子

有些家长认为孩子要从小严格要求，通过不断地打压和否定，让他们看到自己的不足，然后拼搏奋斗，这样长大后才会有出息。所以，他们从小对孩子就特别严厉，很少给予表扬和认可。孩子做什么事，他们总是给予"差评"，对孩子成长中的一切行为进行各种"挑剔"和"不满意"。

比如，孩子考了一百分，兴高采烈地回家告诉父母，爸爸却来了一句："这次只是运气好而已，别骄傲。每次都考一百分，才说明你真的努力学习了。"

孩子的努力没有被认可，刚刚在学习上产生的一点儿成就感也被父母的"一盆冷水"浇灭了，学习的动力直接被扼杀在摇篮里。

社会心理学有个概念叫"镜中我"，也叫"社会我"，意思是通过别人对自己的反应和评价，形成对自我的认知。**父母在孩子成长的初期，扮演着"镜子"的角色，父母对孩子的态度和评价会直接影响孩子的自我价值感。**父母的打压并不会带给孩子拼搏的动力，孩子会在心里认同父母对自己的否定，认为自己就是一无是处，不可能变得优秀，更不可能成功。为了融入集体，让别人认可，孩子只能通过迎合、讨好的方式，"伪装"成一个"老好人"。

一个生命最初来到这个世界的时候，会认为自己和世界是一体的，自己是无所不能的"神"，这在心理学上叫"全能自恋"。6个月以后，他会逐渐意识到自己是独立的个体，再加上自己的"无能"，做什么都要依靠养育人，于是从"神坛"跌落，开始产生自我怀疑。而这个时候，养育人这面"镜子"就会让孩子不断地重新建立对自我的认识。

当养育人给予爱和回应时，孩子会认为自己是好的，是有价值的，是值得被爱的；当养育人给予情感忽视和打压否定时，孩子就会认为自己是坏的，是没有价值的，是不值得被爱的。长期被自己的父母否定的孩子会极度自卑，感觉自己各方面都很差，在小伙伴面前没有自尊体验。为了得到别人的认可，他会主动讨好别人，逐渐发展出讨好型人格。

在这里再多说几句，父母的这种打压和否定会内化于心伴随孩子一生。**所以，许多成年人经常会有"不配得"的感觉。这种感觉很难被发现，却影响着一个人是否能安心地感受和享受幸福。**这种"不配得"就是觉得自己一无是处，不配得到美好的事物。即使得到，也会因为这种"不配得"的心理破坏自己所得到的美好事物，当然也包括亲密关系。

在《小王子》一书中，"玫瑰"就是这样。她心里明明很爱小王子，小王子对她也是百般呵护，但她还是不满足，用各种"作"来求证对方是爱自己的，用各种方式刷存在感。最终让小王子无法忍受，忍痛离去。这种"作"的背后，恰恰就是"不配得"的心理在作怪。

第四点：养育人有严重的讨好型人格

有讨好型人格的父母，往往对外人热情、宽容，对自己的孩子却非常苛刻，从小对孩子言传身教地灌输各种"讨好"理念，让孩子也逐渐发展成讨好型人格。

比如，当自己的孩子跟其他孩子抢玩具时，父母一定会批评自己的孩子不懂事或者太小气，要求他退让；父母经常向孩子抱怨自己有多辛苦，让孩子在愧疚感中成长，总觉得亏欠了父母，又无力回报，只好用迎合、讨好来做一个"懂事的乖孩子"；当孩子羡慕同学的新衣服时，父母就告诉孩子家里没有钱，别去跟同学攀比，让孩子感觉自己比别人矮一截，形成极低的自我价值感。

还有的父母在别人夸奖孩子皮肤白时，会非常不安，用"皮肤白什么呀，天天不洗脸，脏死了""他学习哪里认真了，就爱玩"这样的话来贬低孩子。这也是父母的自我贬低，因为自我价值感太低，承受不起别人的夸奖。

许多人觉得这是一种谦虚的态度，是美德。谦虚的确是美德，但谦虚的主体是自己。也就是说，当别人夸奖自己的孩子时，父母应该把感知和承接的主动权还给孩子，让孩子感受夸奖带来的自尊体验。父母要做的，是教给孩子礼貌地回应即可。

阿姨："小姑娘的皮肤真白，长得真好看。"

回应1："谢谢阿姨！"（看着对方，报以微笑）

回应2："谢谢阿姨！您的表扬让我很开心。"（表达自己的感受）

回应3："谢谢阿姨！看来每天认真洗脸是很重要的，我要继续保持。"（让对方产生成就感）

但有讨好型人格的父母，习惯了用抬高别人、贬低自己的方式与人相处，承受不起别人的夸奖，所以也会直接否定别人对孩子的夸奖。一方面是因为缺少界限感，把孩子当成了"私有物品"，直接替孩子"谦虚"；另一方面也是在无意中变相地告诉孩子，他不够好，或者一身缺点，让孩子感到自卑。这种谦虚不再是美德，而是一种打压和剥夺。

还有的父母经常给孩子灌输类似"吃亏是福"这样的思想，孩子的理解能力有限，他们无法真正理解这些话背后的智慧指的是吃亏以后能总结和反思，增长自己的经验，以后少吃亏，他们只能理解这些话表面的意思，然后机械地照做。在社交中，他们会主动压抑自己的想法和需求；在与人发生冲突时，不管是谁的错，他们都会主动退让，选择"吃亏"，没有底线，任人欺负，形成软弱、讨好型的人格。

以上四点，是孩子形成讨好型人格的主要成因，我们只有理解了本质，才能调整自己的行为，避免让孩子掉入讨好型人格的陷阱。

如何摆脱讨好型人格

如果孩子已经形成了讨好型人格，还能改变吗？

答案是肯定的。

一定可以改变，但前提是父母先做出改变。除了改变自己的讨好型人格，还要改变养育方式，给孩子全新的心理营养，让孩子有足够的自信做回自己。

如何走出讨好型人格

一个有讨好型人格的孩子，总是以他人的感受和需求为主，不敢随意表达自己的观点，习惯性地迎合、讨好他人，总想从别人那里获得认可，来证明自己是好的、是有价值的。长期活在"假自我"的面具之下，时间久了，就会忘记自己原来的样子。

所以，我们需要帮助孩子找回真自我，在家庭中给予孩子自主权，让他们有清晰的边界意识，敢于拒绝不合理的要求。养育中带给孩子自尊体验，提升他们的自我价值感，让孩子有自我欣赏和自我接纳的能力。这样，他们才会远离讨好型人格，最终也会活成自己喜欢的样子。

让孩子远离讨好型人格

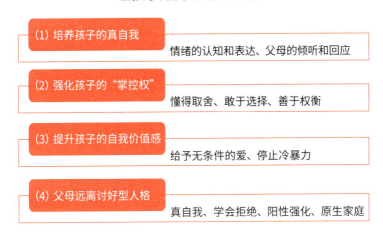

(1) 培养孩子的真自我
情绪的认知和表达、父母的倾听和回应

(2) 强化孩子的"掌控权"
懂得取舍、敢于选择、善于权衡

(3) 提升孩子的自我价值感
给予无条件的爱、停止冷暴力

(4) 父母远离讨好型人格
真自我、学会拒绝、阳性强化、原生家庭

我们逐一阐述如何帮助孩子走出讨好型人格。

1. 帮助孩子认知和表达自己的真实感受，唤醒真自我

有讨好型人格的孩子，总是过度关注别人的需求，而忽视自己的感受，内心的委屈无处释放，经常产生自我攻击。而这样的孩子所写的作文，往往是空洞、无趣的，因为他们只会说很"官方"的漂亮话，却没有自己的感触和观点。

所以，我们要唤醒孩子的真自我，引导他们表达自己的情

绪和感受，并给予有效的情感回应。只有让孩子觉得自己的感受和想法很重要，他们才能安心地伸展和表达自己的生命力，逐渐走向真自我。

每个孩子来到这个世界上，第一个自我表达的方式就是哭。而幼儿的哭有时是因为伤心，有时是因为害怕，有时是因为生气，有时是因为委屈……父母要做的，是把看不见、摸不着的情绪，用情绪词进行标注，培养孩子的心智化能力。心智化就是认知自己和他人情绪的能力。

我先来问一个问题："孩子哭的时候，你一般会用哪种方式回应？"

A．不哭不哭哦，妈妈抱！别哭了，妈妈再给你买一个。

B．快看这有只小狗！小狗在叫，汪汪汪！

C．宝贝哭啦，是不是生气了？受委屈了？哭一会儿吧，妈妈陪着你。

以上三种是最常见的回应方式，但带给孩子的感受是完全不同的。

A 是典型的情感忽视，没有对孩子的情绪做出回应，只想让孩子快速停止哭闹。

B 也是一种情感忽视，用转移注意力的方式来让孩子停止哭闹。

C 有效地回应并解读了孩子的情绪，还给了孩子一些时间来宣泄情绪。用陪伴的方式给予孩子安全感上的满足，让孩子可以安心地跟自己的情绪相处一会儿。

当孩子的情绪被看到、被接纳、被解读时，他们就会知道自己此刻的这种行为状态是受到一个叫"情绪"的东西的影响，有时是生气、有时是委屈、有时是伤心等。孩子掌握的情绪词越多，他们就越能准确地表达自己的感受和想法，活在真自我中。

拥有真自我的孩子，可以真诚、平等、自在地与人交往。即使在权威者面前，他们也能做到不卑不亢，敢于拒绝不合理的要求。

2. 懂得取舍，敢于选择，让孩子拥有"掌控感"

有讨好型人格的孩子，习惯了讨好别人，以致对自己的想法后知后觉，在社交中总是自动让出"主权"，迁就他人。如果你告诉他们要懂得拒绝别人不合理的要求，他们会产生疑问：怎样算不合理？这次该不该拒绝呢？拒绝了会不会失去朋友呢？

所以，想让孩子有能力与人平等交往，就要给予他们"取舍"的智慧，敢于做出自己的选择，拥有自己人生的"掌控感"。大概孩子2岁时自我意识开始萌芽，只要不触及安全问题，我们就要尽可能多地给予孩子一些选择权。比如："你自己去厕所，还是妈妈陪你一起去？""这个玩具想放床边，还是爬爬垫上？""今晚想听哪个绘本？"……让孩子来决定。四五岁以后，我们不仅要鼓励他们做选择，还要带他们做小小的复盘，增加经验值。

比如，当你让孩子选择一个自己喜欢的玩具或者背包时，他们会特别纠结，到底是选择黄色的还是蓝色的？到底买拼插的小汽车，还是买变形的小汽车？

在这种情况下，你可不能直接帮孩子选，一定要鼓励他们自己做选择。

孩子不敢选择，不知道自己内心真实的想法和感受，因为他们在选择时，有太多其他的声音会跳出来干扰他们的决定。这种声音来自哪里呢？

想想看，你是否说过以下类似的话：

- 黑色的鞋子多酷啊，比白色的好看多了，还不容易脏，我们买黑色的好不好？（把大人的喜好和标准强加于孩子，诱导他做出大人想要，而不是自己想要的选择。）
- 早就告诉过你，这种会变形的小汽车容易坏，你非要买。现在弄坏了，没法玩了。（借机打压孩子，让孩子后悔和自责。）
- 当初，你非要 100 片的拼图，多亏妈妈帮你换成 35 片的拼图，要不你明年都不一定能拼完。（让孩子觉得只有大人的选择才是对的，自己总是会选错。）

- 确定要粉红色的吗？嗯，那你可别后悔啊。（过分强调负面后果，增加孩子的得失心。）

以上这些话，都是在否定孩子选择的能力，让他们对自己的感受产生怀疑，认为大人总是对的，自己的感觉总是错的。这些声音会逐渐内化到孩子的心里，让他们在选择时，以大人的价值观为依据，而忽视自己的感受。所以，会有孩子经常把"妈妈不让我跟你玩""爸爸可能不喜欢我跟成绩不好的孩子做朋友"当成自己的交友标准。

成年人也会经常因为买一个包、一条手链而纠结很久。到底是选择自己第一眼看中的，还是当下最新款？到底是买百搭款，还是个性款？不管最终选择了哪个，买回家以后，都会有些后悔，感觉没买的那个才是最好的。这种"后悔"的思维习惯，大多来自童年做选择时，养育人的控制和否定。

所以，当孩子总感觉自己会选错，并提出"妈妈，你觉得哪个好？你帮我选"时，我们一定不要给孩子答案。我们要引导孩子自己做选择。

根据孩子的性格不同，我们可以分成三个层次回应。

第一层次："宝贝，你觉得哪个好？你自己喜欢哪种？"如果孩子还是不知道怎么选，我们可以说："你安心地选，不管你选哪个，妈妈都会支持你。相信自己的感觉，选择你自己喜欢的，不用选择妈妈喜欢的。"

对于从小没有决策经验的孩子，我们再给予第二层次的引导，帮孩子分析一些细节。比如："哪个人物是你最喜欢的？哪个颜色是你最喜欢的？哪个功能是你最喜欢的？"让孩子在细节中找到自己的答案。

有些孩子因为得失心太重，即使你说了前面那些话，他们还是担心自己选错了会吃亏。这时，我们再进行第三层次的引导。可以告诉孩子："大胆选，如果你后悔了，一个月以后，我们再来买另一个。"**这可不是无底线地惯孩子，对于一个安全感严重不足的孩子来说，先要有退路，才敢做出选择。**只有给予孩子选择的勇气，让孩子走出第一步，我们后面才有机会跟孩子复盘，培养他们选择时的权衡能力。而一个月的时限，也是给予孩子充分思考的时间。当然，这种允许再买一个的引导机会，可以用于不太贵的东西上。也就是说，从小东西的选择上开始培养孩子的选择能力。

不管孩子是否真的后悔了，我们都可以用以下的问题带孩子做复盘，来增加孩子以后的权衡能力。

- 你喜欢这个_____吗？
- 这个_____哪里让你觉得特别喜欢？（好看、有挑战、够结实、简单……）
- 如果再给你一次机会，还会选择这个_____吗？为什么？
- 如果当时选择了另一个，前面的答案会有变化吗？

简单的几个问题，就可以让孩子对自己的选择做出理智的思考。你可别小看这样的复盘，它带给孩子的是成长经验。短期内，孩子依然会纠结、后悔等，但随着年龄的增长，他们会越来越有自己的主见，懂得选择，敢于放弃。当再有人对他们提出不合理的请求时，他们会理智地进行权衡，并做出最适合自己的选择。

3．无条件的爱，提升孩子的自我价值感

前文讲过，当父母给予孩子有条件的爱时，孩子会认为自己的价值来自父母对自己的评价：父母满意，自己就有价值，值得被爱；父母不满意，自己就没有价值，不值得被爱。这会让孩子过度在意别人的看法，总想通过别人的认可来证明自己存在的价值。

在这里分享一个对我触动很大的案例。

有一位妈妈曾因别人的误解，在整整一年的时间里，因无法"自证清白"而备受煎熬，总想证明自己是个好妈妈，自己很重视孩子的教育。

简单描述一下事件的经过：这位妈妈的儿子有一个特别要好的朋友，是个小女孩，两人天天在一起玩，两个孩子的妈妈也因此成了朋友。但因为连续发生了两次小冲突，让对方妈妈误以为她的孩子总被欺负，就不再允许两个孩子一起玩了，并当面说小男孩缺少家教。

两个 4 岁的孩子在一起玩，起冲突是在所难免的事。而且，事实是女孩拿球打男孩，男孩来不及躲闪，下意识地把女孩推倒了。男孩的妈妈主动解释了事情的经过，并让男孩当面

道歉。女孩也跟妈妈说，她是想跟男孩闹着玩，男孩是不小心推倒自己的，并没有受伤。

但女孩的妈妈认定男孩缺少家教，不允许两个孩子在一起玩。因为他们在一个幼儿园，住得又很近，所以几乎天天会碰到。只要看到两个孩子说话，女孩的妈妈就会骂自己的女儿不听话，并说男孩"贱"，天天纠缠自己的女儿。

接下来的一年，男孩的妈妈不停地找机会解释自己儿子当时是无意的，后面两个孩子玩得也很开心，再也没有发生过类似的事，并表明自己很注重孩子的家庭教育，一直在看书学习。但对方每次都是冷脸相对，或者骂几句难听的话。这让她很苦恼，每次想到要送孩子去幼儿园，就特别紧张，觉也睡不安稳，于是决定搬家转园。

其实，当对方不听解释，也不肯接受道歉时，男孩的妈妈应该意识到，这是对方的选择，是由对方的认知水平和道德观决定的，这不是她能左右的。为什么一定要执着于"挽回"这段友情呢？自己是不是好妈妈，为什么要由别人来判定呢？自己明明很重视孩子的教养，为什么别人一否定，就会感觉自己一无是处呢？

从我与她的交谈中得知，这位妈妈的童年经常因为犯错而受到父母的"冷暴力"。只有表现好的时候，父母才会对她特别好，所以她总是努力做到"最好"，以此来维持父母对自己的爱。她的内心是匮乏的，自我价值感极低，没有力量自我认同和自我接纳。她的好与坏永远建立在别人的评价中。当遇到不认可她的人时，她会自我攻击、自我否定，认为自己确实有问题。然后通过讨好来赢得对方的好感和认同，以此获得自我价值感。

偏偏女孩的妈妈有着严重的受害者情结，一直在确认并保持着自己的受害者身份。两个人就这样僵持了一年。

名词解释

受害者情结

对外部世界充满敌意，只关注负面事件，并认定自己的不幸都是由他人造成的。

如果父母给予孩子的爱是无条件的，那么：

- 不管孩子乖不乖、有没有一技之长、能不能给父母争脸，父母都是爱他的；
- 父母给孩子买礼物是出自爱，而不是因为孩子考了好成绩或者敢于上台表演背古诗；
- 当孩子犯错时，父母给予信任和正面的引导，而不是贬低和惩罚；
- 当孩子因畏难情绪而逃避或放弃时，父母不会表现出失落或者嫌弃，反而给予孩子接纳和鼓励，允许放弃，也允许以后再次尝试；
- 当孩子有情绪时，父母会给予孩子情感层面的回应，而不是急于拿玩具或吃的塞住他的嘴；

- 即使孩子睡前不肯刷牙，父母依然亲吻他的额头，告诉他爸爸妈妈爱他，相信他明早会认真刷牙。

不管孩子表现得好还是不好，父母都是爱他们的，对孩子的态度是稳定的。这会让孩子觉得自己本身就是好的，无须向谁证明什么，更不需要通过讨好谁来求得别人的认同。自己的存在，本身就是有价值的，就是值得被爱的。即使孩子犯了错，父母可能会生气，但对孩子的爱永远都在。

当父母给予无条件的爱时，孩子的内心就会变得温暖有爱。这份爱会逐步投射到外部世界，先是爱自己，然后爱家人，最后开始爱这个世界。他们既能常常自省、丰富内在，成为更好的自己，又能真诚地与人交往，善意地看待他人，愿意付出时间和精力去探索外面世界的人际关系。他们会主动结交朋友，但不会对社交关系过分依赖，有独处的能力，也有完整的自我意识，界限感清晰，懂得包容，敢于拒绝。

我们不是因为孩子足够优秀、足够强大、足够听话，才会无条件地爱他们，而是因为我们无条件地爱他们，他们才会更加优秀、更加强大、更加可爱。

4．父母改变自己的讨好型人格

既然父母是讨好型人格会直接影响到孩子的人格发展，那么想让孩子告别讨好型人格，父母也要自我成长。

关于父母如何改变自己的讨好型人格，我们在这里就不展开讲解了，但可以给你一些学习的方向，日常可以通过多读一些心理学方面的书来实现自我成长。

（1）多做情绪的觉察和梳理，学会表达内心感受和需求。比如，"每次都是我一个人做家务，感觉特别孤单和委屈，觉得没人在意我。我希望你可以帮我分担一点儿，这会让我心里感受到支持和爱"。注意，这里没有抱怨，没有攻击对方，只是表达自己的感受和需求。当你更多地关注自己的感受时，会把注意力从别人身上转移到自己身上，活在真自我中。真自我会带给你自在的感觉，自在的感觉会滋养你的生命，有自我接纳的力量，不再依靠别人的评价。

（2）学会拒绝别人，可以从小事或者关系更牢固的朋友开始。为避免自我攻击，可以主动向朋友解释，自己想改变一种生活方式，不再委屈和压抑，做真实的自己，希望他理解和支持。如果朋友看重的是友情，而不是利用你的价值，那他一定会支持你。如果因此疏远你，那这种朋友不值得交。

（3）如果你实在无力拒绝，那就先在自己的心里做一个小改变。把"我应该帮他"替换成"如果我愿意，我可以帮他"，这是增加自主感，从被动到主动，为以后敢于拒绝打基础。

（4）降低对自己的要求，即使是很小的进步或者收获，比如早起 5 分钟，也要为之高兴，在心里对自己说一句"我又做到了""我真的可以"。这是让你进行自我关注和认可，减少从他人那里获取的需求。同样，如果没做到，也要停止自责和自我否定，在心里对自己说"下次努力吧""总有一天能做到""等我想做的时候，再试一下"，这些是强化自己以后可以做到的力量，也是一种正面的心理暗示。

（5）反思自己原生家庭的养育方式，面对自己性格上的一些缺陷，敢于发现并承认父母曾经给予了错误的教养方式，找到阻碍成长的根源，打破旧有的关系模式，改变旧有的思维习惯，走出心理舒适区，挣脱束缚，活出全新的自我。

最后，分享一句冯唐老师的话，或许对你所有启发："人生无非两件事：关你屁事和关我屁事。"当你因为无法满足他人要求而感到愧疚时，不妨想想这句话。

第五章

当遇到没有
"教养"的孩子

妈妈不让我做的事情，其他小朋友却做了。

114

遇到"熊孩子"，一定不要慌

遇上没有"教养"的孩子时，最重要的是"你觉得"，而不是"我觉得"。

"为什么他们可以交换车子，而我却不能？"

一位跟着我学习一年多的妈妈，最近遇到一件特别困扰她的事：她的孩子小 A 今年 3 岁，在楼下跟好朋友小 B 一起骑自行车时，发现小 B 的自行车上新安装了一个彩灯，于是跟小 B 商量交换车子骑。

小 B 不同意，这让小 A 很沮丧。但小 A 已经有了清晰的物权概念，知道车子是小 B 的，如果小 B 不同意，谁也不可以骑。这时，另一个小朋友小 C 来了，他看到小 B 的彩灯，也提出要骑，但还没等小 B 说话，他就直接骑上去了。

小 B 急了，要抢回自行车，但小 B 的妈妈看到后，不但没阻止小 C，反而对小 B 说："让小 C 骑一会儿吧，咱们要学会分享。"

小 C 的妈妈也附和道："你们都是好朋友，等一下你也可以骑小 C 的车。"

看到这一幕，小 A 的妈妈瞬间慌了，不知道怎么跟孩子解释，于是应付道："他们这样做是错的，但别人的行为，我们管不着。咱们不能做这样的事，我们回家吧。"接下来的几天，小 A 都闷闷不乐，也不肯下楼去玩了。妈妈知道，这件事对孩子造成了困扰，他对妈妈也产生了怀疑。

其实，在这个案例中，妈妈太过担心孩子"学坏"了，以致忽视了孩子的感受，直接把自己的想法强加给了孩子。这种方式是最无效的。

真正能够影响孩子认知的，一定是他们经过自己的大脑加工处理后的信息，而不是父母加工好的"成品"信息。

想想看，如果你从来没有吃过榴梿，有一个人告诉你，榴梿闻起来臭，但吃起来香，你会完全相信吗？你很难理解，这是一种什么样的味道，又臭又香。而这个时候，又有一个人告诉你，根本不是这么回事，吃一口榴梿，就会臭到一天吃不下饭。

这个时候，你会相信谁的话？

再说第三种，你自己吃过榴梿了，这个时候，前面两个人在你面前争论，你会纠结于谁说得对吗？当然不会，因为你有了自己的亲身体验，并形成了你自己的认知，这个认知是很难被改变的。

回到孩子身上，小 A 的物权概念来自谁呢？

答案是父母。这就像你得到的关于榴梿的第一个信息：又臭又香。你有点儿相信，但并不能完全理解。

而小 C 的出现，就像你接收到的第二个关于榴梿的信息：臭到吃不下饭。这让你彻底迷茫了，到底谁说得对？

这个时候，如何形成孩子自己的认知呢？这就需要用"你觉得"句式跟孩子进行有效对话，唤醒孩子的体验感。

"你觉得"句式：以孩子的感受为中心

用"你觉得"来引导孩子，让孩子思考和表达自己的感受，最终形成他自己的观点。

在跟孩子的沟通中，最重要的是"你觉得"，而不是"我觉得"。

前面案例中的妈妈，就是典型的"我觉得"。当大人急于表达"我觉得"时，往往会忽略孩子的感受和认知水平。这时，大人跟孩子就像两个处于不同时空的人，大人讲得再多，对方也无法接收到有效信息。

而"你觉得"句式，是以孩子的感受为中心的，自然而然地把大人"降级"到孩子的年龄阶段，也就实现了"跨时空的交流"。

接下来，我来为你演示具体的引导方式。

当小 A 问妈妈"小 B 都说不行了，为什么小 C 还骑"时，妈妈不要急于告诉孩子对和错，而是要先回应小 A 的情感需要："你没骑到那辆自行车，而小 C 骑到了，是不是让你觉得有些委屈，还有些生气呢？"

如果孩子哭了，那就蹲下来抱抱他，让他把情绪"流淌"出来。等孩子平静了，再进入下一阶段的讨论。

如果孩子还有其他感受，那就认真倾听，并确认孩子的感受："噢，还有些难过啊，还觉得不公平啊……"

回应孩子的情感需求是非常重要的环节，但是许多父母总是忽略这一点。要知道，只有孩子的内心平静下来，不受情绪的控制了，他才会进入理智思考的阶段。如果孩子一直沉浸在自己的小情绪中，不管父母说什么，他都会左耳朵进，右耳朵出，或者干脆用"噢""嗯"来敷衍。

就像案例中的小 A，知道妈妈说的道理是正确的，但怎么也走不出自己的小情绪。这也是许多孩子到了青春期，不愿意再跟父母沟通的主要原因之一。他们会觉得父母根本不在乎自己的感受，也不愿意倾听自己的想法，总是用简单粗暴的说教要求他们做"正确的事"。**情感层面匮乏的孩子，要么用叛逆来证明自己，要么用讨好来迎合别人，缺少理智分析问题的能力。**

所以，遇到问题时，父母一定不要急于说教，更不要刻意逃避，而是从容地接住孩子的情绪。等孩子平静下来以后，继续用"你觉得"句式引导他们表达，多听听他们的想法。

问几个问题，启发孩子思考

可以用以下这些问题启发孩子思考：

（根据孩子的反应做出选择，如果孩子非常愿意跟你讨论，六个问题可以全问。如果孩子有些不耐烦，说明你们沟通的地基没打好，只问前三个问题就可以。这些问题没有严格的顺序要求。）

（1）提升孩子的判断力："你觉得，小 C 那样做对吗？"

（2）培养孩子的同理心："你觉得，被抢走自行车的小 B 会有怎样的感受？开心、生气、委屈、难过，是哪种呢？"

（3）引导孩子解决问题："如果你是小 B，被抢走自行车以后，你会怎么做？"

（4）引导孩子表达观点："在看到小 C 未经允许直接骑别人的自行车以后，你对小 C 有什么样的看法？你觉得他是一个怎样的孩子？"

（5）提升孩子的自主选择能力："再给你一次机会，你是像之前那样尊重小 B 的决定，还是像小 C 那样，直接抢过来骑？"

（6）阳性强化法："虽然骑不到自行车让你很委屈，但你依然选择了尊重小 B 的决定，不去骑他的自行车，妈妈为你感到骄傲。你自己呢？是否为自己做出了正确的选择而感到骄傲呢？"

如果一个孩子在现实体验中学会了换位思考，又有了独立分析问题的能力，他就会形成自己的道德评判标准。即使遇到不遵守规则的人，他依然会坚持自己的行为准则。

就像十字路口的行人，当有人直接闯红灯过马路时，其他人是选择盲从，还是站在原地等待绿灯，是由自己的道德观所决定的。

0～2岁，远离攻击性强的"熊孩子"

许多父母都有过这样的疑问：自己把孩子教得友善、懂礼貌，奈何别人的孩子完全不按套路出牌，推、打、抢、骂，为所欲为。而"熊孩子"的背后，往往有一个"熊家长"，会用"他还小"或者"小孩子又不懂事"这类托词来维护自家的孩子。

在这样的"熊孩子"面前，"有教养"的孩子就变成了弱者。

面对这样的问题，父母一定不要"慌"，毕竟孩子不可能永远活在只有真、善、美的世界里，我们需要帮孩子培养思考和辨别能力，让他们在看清一切后，选择更好的方式成长。

在上文中，我们讲了小A的家长如何引导孩子。接下来，我们说一下，如果你是小B的家长，遇上"熊孩子"时，要怎样引导自己的孩子。

每个年龄段的孩子的认知水平是不同的，所以我们要根据孩子的实际年龄区别对待。此处，我们先聊一聊 0 ～ 2 岁的孩子应该如何应对这种情况。

这个年龄段是孩子内在建构的重要时期，如果外面的干涉和入侵太多，就会破坏孩子的安全感，影响孩子自我意识的建构。所以，尽可能地给孩子一个安全、稳定的成长环境，远离攻击性强的孩子。

如果遇到攻击性强的孩子，一定要坚定、从容地护住自己的孩子。比如，别的孩子抢了你孩子的玩具，如果你的孩子完全不在意，家长也无须理会。如果你的孩子很在意，就马上替孩子把玩具要回来，可以对对方说："这是小妹妹的玩具，她不想给你玩哦！"如果抢玩具的孩子哭，那就让他哭吧，那是他的家长需要处理的问题。

千万不要在自己孩子面前抱起并安慰抢玩具的孩子，因为这会严重地破坏你的孩子的安全感。他会认为对方不只是抢走了玩具，连妈妈也抢走了。

在这个过程中，有一个关键点，就是你当时所表现出来的态度。一定要坚定、从容，这直接决定了孩子对这件事的最终看法。

有的家长认为，这种事情发生时，自己应该呵斥抢玩具的孩子，这样会带给自己的孩子安全感，孩子也会认为父母很强大，会保护自己。但是，孩子的视角恰好相反。在他看来，自己的妈妈都这么"生气"了，都开始咆哮了，这件事情一定很严重。玩具被抢是一件非常可怕事情，自己一定是受了天大的委屈，于是孩子内心的恐惧和委屈被放大了 10 倍，他会哭得更凶。

当然，也有部分孩子在这种情况下会停止哭闹，但他们会形成一种错误的认知：自己是无力应对这种状况的，只能依靠强大的父母来解决。在孩子比较多的场所，他们就会表现得特别黏父母。跟小朋友玩耍时，出现一点儿问题，他们就会跑来向父母求助，缺少独立解决问题的能力。

许多家长有这样的困惑：当和亲戚、朋友的孩子一起玩的时候，孩子们会互相争抢玩具，这时弱势一些的孩子就会特别委屈，以哭闹收场，甚至在很长一段时间内，一听说有小朋友要来家里做客，孩子就吓得躲起来；而强势一些的孩子，任性而为，不懂得谦让，父母怎么说他们都不听，父母总是跟在别人家的家长身后道歉，甚至干脆不再带孩子去别人家里做客了。

对于 3 岁以内的孩子的家长来说，这确实是一个无法调和的矛盾。既要考虑亲友的面子，又要考虑自己孩子的感受和成长需求。所以，请尽量减少这种场景的出现，因为孩子在这个年龄段并没有对外社交的需求，他们更多的是需要养育人的陪伴与互动。

如果确实无法避免这种场景，可以提前多准备几个玩具，让每个孩子都有玩具可玩。但大多一两岁的宝宝正处于用手探索世界的年龄，所以他们会通过抓、捏等方式来研究新奇的事物，而在另一个宝宝手上的玩具就很有吸引力，这就会导致有些宝宝已经有了一个玩具，依然还想要其他宝宝手上的东西，争抢会再次发生。

所以，大人们不要只顾着聊天，要陪伴在自己的宝宝身边，增加宝宝的安全感，多与自己的宝宝互动，减少争抢玩具的概率。如果你的这种陪伴会让其他人觉得很没有礼貌，并告知你，让孩子们自己玩，大人们一起聊聊天。那就需要你做出权衡，到底满足哪一方的需求。

当然，我个人的观点是，在条件允许的情况下，给予宝宝更好的养育环境。如果条件不允许，那也不要为此纠结，毕竟没有完美的养育，缺失感是生命必须要面对的。只要日常给予孩子充足的爱和陪伴，他们将来是有力量自我成长，修复童年这些小创伤的。

3 ～ 5 岁，帮孩子建立 "应战思维"

这个年龄段的孩子会有一种矛盾的心理：觉得自己长大了，想去外面的世界 "闯一闯"，但又经常因为认知能力有限，在 "闯" 的过程中受挫，因而变得特别黏人。

其实，每次受挫都是一次成长的机会，学习再多社交技巧，都不如孩子的一次亲身体会得到的经验实用。

当你的孩子遇到争抢、破坏玩具的 "熊孩子" 时，大多会往这三个方向发展：

一是习惯被欺负，遇事能躲就躲；

二是以暴制暴，让所有孩子都害怕他；

三是在矛盾中积极寻找应对方案，积极挑战面对的难题。

我们要帮孩子建立 "应战思维"，可以通过以下问题引导孩子思考：

（1）他拿走你的玩具时，你有怎样的感受？（生气吗？委屈吗？孩子的感受很重要，只有情绪平稳，才能理智思考。）

（2）你告诉过他，你会生气，让他把玩具还给你吗？（虽然这样说的用处不大，但把压在心里的感受说出来，有助于缓解孩子当下的情绪，更快地恢复理智思考，而且对他的心理健康很有好处。）

（3）他为什么要抢你的玩具？你觉得他应该怎么做？（这是引导孩子换位思考，站在对方的立场思考，有助于培养孩子的大局观。当他意识到对方是因为不懂得表达，或者单纯只是想引起别人的关注时，会多一些包容，少一些委屈。）

（4）如果他不肯还你，有什么别的办法吗？你很善于想办法，我们一起开动脑筋吧！（一是引导多方面思考；二是用心理暗示的方式，让孩子觉得自己是一个善于思考的智者，增加自信心；三是用"一起"这个词，让孩子感受到正在被支持。这可以帮助孩子把注意力放到积极解决问题上，减少"受害者情结"，启动"应战思维"。）

（5）既然这个玩具对你很重要，有什么办法避免再发生这样的事情吗？（把心爱的玩具收起来，把愿意分享的玩具放到客厅，给小客人玩。或者带两个玩具下楼，跟小朋友约定一个规则。又或者玩具只在家里玩，不带出门。等等。）

当孩子养成了"应战思维"的习惯后，就像穿了一件黄金甲，不管遇到什么样的"熊孩子"，他都能够积极应对，并保护好自己。

6岁以上，培养孩子的辩证思维

这个年龄段的孩子已经有了一定的辨别能力，看待问题也不再是非黑即白的单一视角。他们在交朋友时，会多方面考虑。比如：跟一个顽皮的孩子玩，虽然他经常捣乱，但他很有创造力，很会玩；跟一个很安静的孩子玩，虽然他有时候很沉闷，但他做事很专注，和他一起写作业，效率特别高。

作为家长，一定不要把自己的看法直接灌输给孩子。要先了解孩子的想法，根据孩子的认知水平和处理问题的能力，给出合理的引导。

如果孩子6岁前没有培养出基本的处理问题的能力，家长就需要降级养育，按照前面3～5岁的引导方式，逐渐帮孩子建立起积极处理问题的"应战思维"。

如果孩子对大多社交矛盾都能独立应对，偶尔会遇到解决不了的难题，这时，家长就可以用辩证思维的方式引导他思考出解决方案。

尧尧在上一年级时，遇到过一个"小难题"。

他的好朋友小 M 拿一支自动铅笔跟他交换了一支荧光笔。结果第二天，小 M 把荧光笔弄丢了，于是他想要回自己的自动铅笔。尧尧当然不肯，然后两个人就争吵了起来。后来，小 M 到处跟同学说，尧尧拿了他的自动铅笔不肯还，还说放学后要让他妈妈来我家要回那支笔。尧尧特别害怕，因为自动铅笔已经被他送给了另一个同学小 E，没办法还给小 M 了。

放学回家后，尧尧一边跟我说这件事，一边哭了起来。

从大人的角度看，这个问题特别简单。两个孩子在双方自愿的情况下做了交换，荧光笔就属于小 M 了。弄丢了，是小 M 自己的问题，他要对此负责。就算是反悔了，不想交换了，也要把荧光笔找回来，才能再次交换。直接要回自动铅笔的这个想法根本不合理。

但孩子的世界有着不同的逻辑，小 M 认定自动铅笔是自己的，即使交换了，也随时可以要回来。而现在荧光笔丢了，他也不是故意的，最多向尧尧道个歉就可以了。如果尧尧不把自动铅笔还给他，就是在欺负他。

你看，面对这样的孩子，摆事实、讲道理的方法是不是完全不管用？

但如果我直接告诉尧尧，是小 M 不讲理，不用理他。从孩子的立场来看，这个问题并没有解决，因为他还是要面对同学的质疑，他内心还是会承受巨大的压力和委屈。如果我让他向同学们解释清楚，很可能会引发新的口水战，将矛盾激化。

所以，我必须帮助尧尧理一理思路，引导他找出一个更好的解决方案。

我是分以下六步进行引导的，这个流程也适用于家长解决孩子跟小伙伴产生其他矛盾时的亲子沟通。

社交矛盾六步法

第一步：情感回应

用温和的语气解读或者引导孩子表达自己的感受，帮助孩子恢复理智思考。（"你现在一定很生气……"前面已经多次提到过，这里就不再赘述了。）

第二步：物权梳理

为了方便孩子理解，用可视化的方式（直接拿铅笔和荧光笔来做演示）跟孩子回顾整个事件的过程，并让孩子来说这个过程中物权是怎样变化的。

梳理的结果

（1）交换以后，自动铅笔属于尧尧，所以他可以决定怎样使用这支笔。

（2）送给同学小 E 也是可以的。

（3）而小 M 丢了交换得来的荧光笔，应由他自己承担。直接要回自动铅笔的想法不合理。

第三步：解决方案

这里需要引导孩子多角度思考，罗列出多种方案，并用辩证思维对各种方案的利弊做出判断。当然，我要提醒你，小孩子的问题，有时真的没有很好的处理方案，**所以关键点在于思考的过程，而不是一定要完美地解决问题**。我敢保证，如果你经常用这样的方式跟孩子讨论，不只是增加了他处理社交矛盾的能力，孩子的逻辑思维和理解能力也会越来越好。

讨论结果

（1）向老师求助，让老师在全班同学面前帮助解释一下。

（利：可信度高。弊：老师可能不同意，小 M 可能被排挤。）

（2）妈妈找小 M 的妈妈解释一下，让小 M 的妈妈跟小 M 讲清楚。

（利：小 M 会听妈妈的话。弊：小 M 的妈妈可能会不管这件事，或者很生气地惩罚他。）

（3）拿一支别的笔给小 M，堵住他的嘴，以后不再往来。

（利：简单快捷地处理完这件事。弊：失去一支心爱的笔，失去一个朋友。）

（4）跟小 E 商量，把自动铅笔要回来，还给小 M，并且要求小 M 买一支荧光笔还给尧尧。

（利：矛盾解决。弊：小 E 可能会委屈，小 M 可能会要赖，矛盾可能会更多。）

第四步：同理心

就像前面提到过的，小 M 没有清晰的物权概念，所以很难跟他讲明白道理。如果不断地争执，两个人最终都会很受伤。所以，引导孩子换位思考，想想小 M 为什么想要回那支自动铅笔，比单纯地鼓励尧尧去据理力争更有帮助。

思考结果

（1）他弄丢了荧光笔，心里很难过，就想要回自动铅笔来弥补自己的缺失。

（2）担心妈妈批评他，所以把问题推给别人，这样就可以告诉妈妈，是同学拿了自己的笔不肯还。

（3）小 M 没有清晰的物权意识，认为即使交换，自动铅笔仍然属于自己，随时有要回去的权利。

第五步：终局思维

如果讨论不出很好的解决方案，就暂时放下谁对谁错的评判，让孩子思考一下，两人交换文具时的心情、以前的关系如何、是否还想继续做朋友等。**这是在培养孩子的大局观，并不是每件事情都要论对错，有时孩子真正想要的结果才是最重要的。**

这并不是在混淆孩子的是非观，而是教会孩子用辩证思维的方式看待问题。任何事物都有好和坏两面，在没有两全其美的解决方案时，就要权衡利弊后做出取舍。

讨论结果

交换文具时，很开心，觉得很有趣。以前的关系不错，经常一起玩，也会有冲突，但小 M 都没有像这次这样计较，所以还想继续和小 M 做朋友。

最终结果是，尧尧还想和小 M 继续做朋友。

有了这个明确的目标，又有了前面的梳理，孩子就可以思路清晰地去解决问题了。

尧尧找到小 E 说明情况，然后把自己的一支下蛋笔送给小 E，拿回了之前的自动铅笔。接下来，尧尧找到小 M，把自动铅笔给了他，并问小 M 丢掉的荧光笔怎么办。小 M 拿到了自动铅笔，不再针锋相对，他心里也是有歉意的，于是主动拿出自己的橡皮作为补偿。尧尧不太满意，于是小 M 又拿了便利贴，尧尧同意了。

就这样，问题解决了，两个朋友都保住了，尧尧自己也没有太大损失。这个方案是尧尧从我们之前讨论的方案中重新总结出来的。

你可能想问我，如果尧尧选择不再与小 M 做朋友，我会怎样引导。其实，也是一样的，尊重他的选择，并让他从前面梳理的方法中选择一个去尝试。如果没处理好，我会再继续跟他讨论新的"对策"。

第六步：经验总结

问题处理完以后，一定要找机会跟孩子做一下复盘。让孩子回顾问题的起因、经过、转折点等，然后想一下，如何避免以后再出现这样的问题。

> **讨论结果**
>
> 下次交换文具时，找一张纸写下"永不反悔"，然后两个人签字，再找老师做证明。

不知道看到这里，你是否跟我一样坏坏地笑了一下。

这就是孩子的世界，有趣、有料、有滋、有味。或许他们没有那么有智慧，或许他们经常吃亏，但这才是完整的童年，一次次的真实经历改变着他们认知世界的方式，也给了他们改变这个世界的勇气和力量。

第六章

矛盾处理：
孩子打人或者被
打了，怎么办

孩子的攻击行为

儿童的社交矛盾是最让家长头疼的问题之一，比如孩子被打或者打别人，玩具被别人抢走，或者抢别人玩具，等等。很多孩子甚至会因为这些而不参与社交，躲避与同龄人玩耍。这些矛盾的产生大多源自孩子不懂得如何与人相处、如何保护自己等，这一章节我会带你厘清头绪，找到处理孩子社交矛盾的关键点。

"熊孩子"为什么打人

在儿童游乐区，我们经常看到打人、推人的孩子，除了极少数的家长完全不管教，大多数家长看到自己孩子打人时，都会第一时间冲过去，用打或者吼的方式来教训自己的孩子。但往往家长一转身，这个孩子又把别人推倒了。这些被称为"熊孩子"的孩子，在任何场合都是不受欢迎的。

熊孩子们的家长其实也是一肚子苦水。打也打了，骂也骂了，为什么孩子就是不改呢？难道真的像有些人说的那样，有些孩子天生就是"坏种"，家长再怎么教育也是没用的？

答案是否定的。孩子的攻击行为，最初源自无法用语言表达自己的想法。对于自己刚刚"抵达"的这个世界，又有太多的规则弄不明白。所以，他们用最原始的身体语言来表达。

抢小朋友的玩具。

孩子想表达的可能是，"我想要这个玩具""这是我的玩具""你跟我玩吧"……

咬了小朋友一口。

孩子想表达的可能是，"你很特别""你很好玩儿""我嘴巴不舒服""我生气了"……

把小朋友推倒了。

孩子想表达的可能是，"这里是我的地盘""我们玩游戏吧""你不要抢我的玩具""我很生气"……

把小朋友堆的城堡推倒了。

孩子想表达的可能是，"这样玩没意思""我能让它发出声音""我们搭别的吧""这是我的积木"、不小心撞倒了……

以上这些，大多跟孩子无法用语言表达自己的想法有关。除此之外，情绪失控、家庭暴力、求关注等因素，也会导致孩子出现攻击行为。如果家长用打或吼这样简单粗暴的方式阻止孩子，要么会增加孩子的攻击性，出现更多这样的行为；要么会吓到孩子，让孩子对社交产生无力感，主动远离小朋友，以免挨骂、挨打。所以，想让孩子减少攻击行为，更好地和他人社交，你就必须弄清楚孩子这些行为背后的原因。这样才能给予孩子正确的引导和帮助，他们才会懂得如何与人相处，遇到问题该怎样处理。

孩子打人后的迷惑行为

如果孩子有过打人的行为，那或许也出现过以下这些让父母无法理解的行为表现。而大多数父母误解了孩子的想法，所

以应对方式也是错的。

孩子打人后的迷惑行为

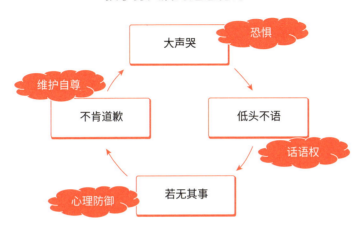

迷惑行为 1：大声哭。

家长常见的应对方式："哭什么哭？你打了别人，你还有脸哭！"

迷惑行为 2：低头不语。

家长常见的应对方式："你说话呀！为什么打人家？现在知道老实了，刚刚怎么那么能耐啊！你以为闭着嘴就没事儿了！"

迷惑行为 3：若无其事。

家长常见的应对方式："你这孩子真是没救了，没脸没皮，把人家打哭了，你还跟没事儿人一样看热闹。你的心怎么这么冷！"

迷惑行为 4：不肯道歉。

家长常见的应对方式："说对不起，听到没有！快点儿向人家道歉。做错了就要道歉，你要有担当，要对自己的行为负责。为什么不道歉？"

我们从儿童心理学的角度来解释一下他们这些行为背后的原因。

大声哭： 看到大人都很生气，知道自己闯祸了，内心非常恐惧，不知道该怎么办，只能放声大哭。

低头不语： 平时在家只有听话的份儿，没有说话的权利，犯错后内心非常恐惧，不知道该说什么，就算知道，也会因为紧张而说不出口。

若无其事： 因为太害怕了，担心大人不爱自己，担心被惩罚、被嘲笑等，所以启动了心理防御，假装不在意，减轻内心的恐惧与不安。

不肯道歉： 不明白这个行为的意义，以为不道歉，就不用承担后果，或者道歉是一件可怕、可耻的事，道歉就等于承认自己是坏的，等等。

总之，我们不能把孩子打人和不道歉的行为简单地归结为孩子"不懂事""不听话"，而要通过打人后的表现，去挖掘孩子内心没有说出来的情绪以及情绪背后的需求，也许孩子心里的想法和你以为的完全不一样。

孩子打人后，父母该做什么

在知道孩子内心真实的感受和想法后，你是否愿意改变简单粗暴的引导方式呢？后文会以案例分析的形式，为你演示具体的引导方式，希望你能耐心看完，并付诸行动。

当孩子出现打、推、咬等攻击行为时，父母需要立刻上前阻止。这里说的阻止可以是口头上的，比如对孩子说"住手""还给人家"；也可以是行为上的，比如按住孩子打人的手或者先把孩子抱起来。

但一定不要带着责骂的口吻，比如"教过你多少次了，用说的，别动手，脑子喂狗了""真是死不悔改，闯祸精""以后别出门了，你看小妹妹哭的"。

你看似是一位负责任的家长，狠狠地骂了自己的孩子，但其实这是典型的推责。你在用责骂的方式告诉所有人，"看到了吗？我是懂道理的家长，我已经教过孩子了，是孩子不长记性，跟我没关系"。

而孩子也在你身上学会了，犯错后，一定要把责任推出去，找个人出来"背锅"。这也是许多职场人会犯的通病，遇到问题，不先想着怎么解决、怎么减少损失，而是先找责任人。只要证明了跟自己无关，就可以"安心"了。"事不关己，高高挂起"的态度，也大大地限制了一个人的职业发展。

所以，孩子打人后，不要急于划清界限，把孩子推出去，而是做一个榜样，主动向对方道歉。

你没看错，最先要道歉的人是父母！

这可不是惯孩子，是在用你的诚意和态度教会孩子，为自己的行为负责，也是为了缓解对方的愤怒，避免发生更大的冲突。我们在前面讲过，孩子打人后出现的迷惑行为，大多跟孩子的恐惧相关，而父母的责骂只会让孩子更恐惧。如果在这种情况下，你要求他道歉，大多有两种结果：一是孩子坚决不道歉；二是孩子敷衍地说声"对不起"，下次还打人。

所以，想减少孩子的攻击行为，就要教会孩子"有意义的道歉"，还要找到问题的根源，帮孩子提升相应的能力。

有意义的道歉

道歉的目的有两个：一是缓解对方的情绪；二是承担自己的责任。

所以，道歉是必需的，但到底是你道歉，还是让孩子道歉，要看孩子目前的认知水平。如果是一个理解道歉的意义的孩子，在犯错以后，他会主动地向对方道歉。而一个不到 3 岁，或者缺少同理心的孩子，很可能根本不知道自己错在哪里，对方为什么要哭。所以，父母主动道歉，过后再教育孩子会更好一些。

那怎样做，才算是有意义的道歉呢？

（1）"对不起" + 错在哪里："对不起，我刚刚不应该跑那么快，撞倒了你。"

（2）"对不起" + 对方的感受："对不起，是不是很疼啊？刚刚有没有被吓到？我不是故意的，我跑得太快，来不及避开了。"

（3）"对不起" + 错在哪里 + 解决方案："对不起，我不小心把你的城堡推倒了，我再帮你建一个吧，或者我的小汽车给你玩。"

以上三种形式，不只是单纯地说了"对不起"这三个字，而是包含了对自己行为的反思、对对方感受的理解和为自己错误负责的担当。这样的道歉才会增加孩子成长的经验值，让他有同理心，越来越懂得与人相处，同时主动减少自己的冒失行为。而对方能从中感受到真诚，他内心的委屈和愤怒也会得到缓解。

我们要教会孩子这三种形式，并在家庭中做一个小小的演练，以免孩子犯错时，因为紧张而忘记怎么说。至于到底用哪种，让孩子根据实际情况灵活处理。

孩子攻击行为的正面引导

打人、咬人、推人、抢玩具这些孩子常见的攻击行为，通常发生在 1～3 岁。因为一两岁的孩子语言发展尚未成熟，当他们生气的时候，就会用动手来表达不满、发泄情绪。

2～3 岁，孩子和其他人互动的机会逐渐增加，却仍处于"自我中心期"，凡事只考虑自己，不考虑他人。如果想要某样东西却得不到，他们很可能会出现推、打、咬等攻击行为。他们的目的很单纯，只是想获取好处，不是故意要伤害别人。

接下来，根据孩子攻击行为背后不同的动机，给出不同的引导方式。

孩子打人的行为引导

语言表达能力
按住手+坚定地说"不"+情绪安抚，2岁以后引导说出来

情绪发泄方式
增加情绪教养—— 认知、表达、处理

模仿大人	停止家庭暴力、不打骂孩子、尽量少用权威压制
求关注	高质量的陪伴、情感回应
感觉统合失调	参加专业机构训练、增加运动

动机一：表达想法

当孩子因语言表达能力不足而出现攻击行为时，我们要教会孩子说出来，而不是用打、推、咬来表达自己的想法。

但 2 岁以内的婴幼儿很难做到这一点，因为他们只能蹦字或蹦词，很难说出一句完整的话。而且，这个阶段的孩子并没有社交需求，更多需要养育人的陪伴与互动，所以攻击性强的孩子，最好减少与其他孩子接触。如果无法避免，父母就要陪伴在身边，随时阻止他们的攻击行为。

2 岁以内的孩子的阻止方式：按住手＋坚定地说"不"＋行为指令＋情绪安抚。

比如，孩子打旁边的小朋友，这时你要第一时间去按住他的手，然后温和、缓慢、坚定地说："不可以打人，玩自己的小汽车。"如果宝宝哭了，就把他抱起来安抚，或者离开现场。

2 岁以上孩子的阻止方式：按住手 + 引导语言表达。

比如，可以告诉孩子："你是想跟小妹妹玩吗？你可以说'妹妹，我想跟你玩'或者'我帮你搭积木''我想看看你的小汽车'等。"并让孩子自己尝试说出来。即使语序错误也没关系，一定要鼓励孩子多说。

如果孩子说："玩，妹妹。"

我们可以用肯定式鼓励："嗯，很好。妹妹，我想跟你玩。说得很清楚。"

孩子在听到你的重复后，他的镜像神经元会发挥作用，帮助他自我纠正，以后会说得越来越好。

如果孩子不肯说，那就要注意平时的养育方式了，要鼓励孩子说出自己的想法，而不是他指指冰箱就可以喝酸奶，指指电视就有人去打开电视，而是需要他自己说"酸奶""电视"才可以。只有让孩子感受到语言的重要性，才能为他以后的语言表达种下一颗启蒙的种子。

当孩子能更多地表达自己的想法后，他的肢体动作自然就会减少。

动机二：发泄情绪

当孩子产生生气、委屈、伤心等情绪时，如果他不懂得如何表达，就容易出现攻击行为。有些孩子在开心、激动时，也会出现打人、咬人等行为。

所以，教会孩子表达和处理自己的情绪非常重要。

你可以这样跟孩子说："你是不是有些生气啊？你可以说出来，说：'我很生气，不想跟你玩啦！''你不给我玩小汽车，我很委屈。'"

通常孩子 2 岁以上，就可以带他认知自己的情绪，但不要太多，几种最基础的情绪就可以了，比如开心、生气、伤心、害怕。大概 3 岁以后，就可以丰富孩子的情绪词汇，认知更多种情绪。

当孩子产生负面情绪时，他并不明白自己当下那种感受是什么，为什么会那么难受。这会让他叠加恐惧、迷茫、焦虑等情绪，孩子会失控。把看不见、摸不着的情绪，用语言表达出来，会让孩子在产生情绪时，有更多的掌控感。如果有人给予了回应，孩子的情绪就容易得到缓解。

当然，除了表达情绪，还要让孩子找到宣泄情绪的方式。平时可以带孩子做深呼吸、涂鸦、撕纸、搓手等，让他在产生情绪时，可以通过这些方式处理自己的情绪。对于气性特别大的孩子，我们要经常带他练习，让他有情绪的出口。把管理情绪变成一种习惯后，孩子自然就不会再出现攻击行为了。

动机三：对权威的追求

受大脑中镜像神经元的影响，孩子会模仿父母的言谈举止。如果家庭中存在家庭暴力，不管是大人打孩子，还是大人之间有肢体冲突，都容易造成孩子出现攻击行为。

孩子从大人那里学到了用暴力来让对方服从自己。

除此之外，被父母过度控制和压制，孩子会习惯性地自我压抑。被压抑的情绪并不会消失，会像雪球一样越滚越大。当超出孩子的承受范围时，他的情绪就会失控，导致他出现攻击行为。

这就需要父母主动觉察和管理自己的情绪，不要在孩子面前争吵或有肢体冲突。养育环境改变了，孩子自然也会改变。

动机四：求关注

每个生命来到这个世界上，都希望有人时刻关注自己，这种关注会带给孩子安全感和归属感。所以，孩子会用各种方式来求关注。如果父母给予了有效的情感回应，孩子就会安心地去做自己的事了。如果父母应付或者忽视，孩子就会变得黏人或者让大人操碎了心。

不妨回忆一下，上学时你身边是否有这样的同学，他们经常揪女生的头发、抢同学的钢笔、藏老师的黑板擦，甚至在别人走路时，他们都要绊一脚。对方已经生气了，他们却觉得很好玩。这些被称为"坏孩子"的同学，内心真实的想法其实是：我要引起大家的注意，让同学跟我玩；我要成为一个有趣的人。

他们为什么不直说，反而要用这样的方式来求关注呢？

一方面，他们缺少同理心，没办法感知和理解别人的情绪；另一方面，他们从小形成了一种错误的认知，每当说"陪我玩"的时候，大人会用各种理由推托，但当他们打了小朋友、摔坏了东西时，大人就会放下手里的事，马上赶过来。虽然关注他们的方式是愤怒的批评甚至打骂，但对孩子来说，这也比不理他们要好太多。

"无回应之地，即绝境。"对于孩子，甚至成年人来说，最可怕的就是对方不回应自己，这会让一个人感觉不到自己的存在，从而陷入焦虑、绝望的情绪中。

如果你的孩子喜欢用打人、搞破坏的方式来求关注，一方面，你要教给他用语言来表达自己的真实需求；另一方面，当孩子发出需求时，你要给予有效的情感回应。

怎样引导孩子表达真实需求呢？

你可以直接告诉孩子，他这样做，或许是想引起大人的注意，但也会让大人感到生气。最好的方式是，他直接说"陪我玩""抱抱我""看看我"，这样既不会被误解是"坏孩子"，也能得到大人的及时回应。

什么是有效的情感回应呢？

举个例子，孩子说："妈妈，陪我玩拼图。"

无效回应："妈妈在忙，没时间，你自己玩吧。"

有效回应："宝贝，妈妈知道你想跟我一起玩，妈妈也喜欢跟你玩，但现在要做饭，不能让你饿肚子啊。你的观察能力很好，要不先自己拼拼看好吗？拼好了记得给我看。"

无效回应："你去看电视吧，我有件事要做。"

有效回应："又想玩拼图啦，你真是个爱思考的孩子。但现在我有件事情要做，20分钟后，我们一起拼好吗？你可以先自己拼几块，也可以看会儿电视，等我一起。"

这两组回应，引导的结果都是一样的。区别在于，无效回应只是针对行为，而有效回应关注了孩子本身。"想跟我一起玩"是让孩子知道"我关注了你的内心需求"，"真是个爱思考的孩子"是告诉孩子"我注意到了你身上的优点"。

经常给予孩子有效的情感回应，孩子就不需要用"刷存在感"的方式来求关注了。

另外，感觉统合失调也会使孩子出现攻击行为。如果你的孩子手眼不协调、走路容易撞墙、总是坐不住等，建议到专业儿童医院做一下测评。如果确实存在感统失调的问题，建议配合做一些康复训练。

孩子打妈妈，怎么办

有段时间，一个妈妈跟孩子对打的视频在网上火了，评论区吵成一片，有人支持，有人反对。

视频很短，大概内容是：一个 2 岁左右的孩子动手打了妈妈一下，妈妈板着脸，用力地打了回去；孩子又打了妈妈一下，妈妈呢，继续板着脸用力打了回去。

在被妈妈回打第三次后，孩子愣住了。这时，爸爸在旁边说："继续打呀！"孩子茫然地看看爸爸，又抬头看看妈妈，然后摇摇头，没有再动手。

你支持这位妈妈的做法吗？

看似这是一种很"科学"的体验式教育，打孩子可以让孩子感受有多疼，知道他打妈妈时，妈妈的感受。但孩子能够感知并理解他人情绪的能力，大概要到 4 岁的时候才开始发展，所以对于一个 2 岁的小孩子来说，根本无法理解这种体验要告诉自己什么。甚至，他都不明白妈妈为什么要打自己。他的安全感被严重破坏了，对外部的世界则会充满恐惧和敌意。在以后的社交中，他面对矛盾时，表现出更多的是愤怒和无力感，而不是积极地去解决。

妈妈用回打的方式来制止孩子打人的习惯，确实立竿见影，使孩子不敢再动手了。但这种以暴制暴的方式也让孩子形成了一种错误认知：打，确实是一种解决问题的方式，但规则是，谁强大谁说了算。所以，在父母或者其他大人面前，孩子不敢动手，但面对比他弱小的孩子时，他可能就会用打的方式来要求对方服从自己。

也有一部分内心敏感、脆弱的孩子会走向另一个极端：他们在强势的同学面前会变得唯唯诺诺，即使被欺负，也不敢反抗，成为被霸凌或者 PUA 的对象。

这两种结果应该都不是父母想要的。所以，不要再用打孩子的方式来阻止孩子的打人行为。

那应该怎么引导呢？

我们先来说一下孩子动手打妈妈，应该怎样应对。可以用以下三步进行引导。

第一步：停止行为。

不管几岁，你都要立刻按住他的手，表情严肃地看着他，说："停止这个动作！"如果孩子马上开始哭闹，你就把他抱起来安抚一下情绪，等他平静了再进行下一步。如果孩子一边哭一边打，那你继续按住他的手，语言上给予回应："妈妈看到了，你很生气！好吧，你可以哭一会儿，我陪着你。"

注意是"严肃",不是"愤怒",也不是"温柔"。

- "严肃"的态度,是在认真地告诉孩子这件事不好玩,不被认可,这种行为要停止。
- "愤怒"是表明你的行为引发了我的情绪,"我因你而生气"。这对许多孩子来说,是一种求关注的方式。
- "温柔"是对孩子的错误言行的纵容,孩子从妈妈温柔的态度中解读到,这种行为是被允许的。等到某天孩子因打人引发严重问题时,你才要他改正行为,他就会很疑惑,之前都可以,为什么现在不行?

我曾目睹过一位妈妈在帮一个 3 岁左右的小孩子背背包的时候,不小心抻到了孩子的胳膊,孩子立刻发火了,对妈妈又打又踢。而这位妈妈只是温柔地笑笑,然后说:"怎么可以打妈妈呢?不可以这样。"这就是典型的纵容。

第二步:正确的行为指令。

孩子打妈妈,一般有三种原因:一是发泄情绪,二是求关注,三是求认同。你要解读孩子这种行为背后的动机,让他知道这种发泄或表达的方式是错的。

或许你会说,自己已经尝试过告诉孩子"不可以打妈妈,这样做是错误的",但孩子一有问题还是会习惯性地动手打妈妈,这是为什么呢?因为孩子总被告知不可以做什么,却不知道应该怎么做。

所以，你可以直接告诉孩子正确的做法。

- 妈妈知道你很生气，但再生气也不可以打人，你可以用嘴巴说："我很生气。"如果还生气，也可以尝试用打枕头、撕废纸、涂鸦、搓手等方式让自己感觉好一些。
- 妈妈知道你感到无聊，想要有人陪你玩，你可以说出来，但不可以打我。无聊时，还可以翻翻玩具箱、看书、画画等。
- 如果你觉得妈妈误解你了，说得不对，你可以告诉我，但不可以动手打我。说说看，你是怎么想的？
- 这样打，会让妈妈很疼，还会让妈妈生气。你能不能告诉我，你到底想做什么？

除了让孩子知道，当他有情绪、求关注、求认同时可以做些什么，还要在日常生活中带孩子练习、体验一下，让孩子找到适合自己的方法。孩子学会表达，又有了行为方向以后，打妈妈的行为就会消失。

当然，这个方法是要建立在相对良好的亲子关系之上的。如果你经常打骂孩子，或者对他冷暴力，孩子的安全感就会非常差。一遇到问题，他的情绪就会失控。这样的话，就要先修复亲子关系，提升孩子的安全感。

孩子被打后，常见错误引导方式

孩子被打了，到底要不要鼓励他打回去？教孩子还手，会不会让孩子变得暴力？孩子不懂得还手，以后会不会成为校园暴力的受害者？这是大多数家长面临的两难的问题。

尧尧 2 岁时，曾被一个小女孩用力地拍过两下脑袋。我和老公当时就在旁边，来不及阻止，就大吼了一声："住手！"

虽然小女孩立刻跑开了，尧尧也没有受什么伤，但我深知孩子被打时家长那种既心疼又愤怒的感觉。特别是看到小小的他眼中充满恐惧和委屈时，我感觉心都被撕碎了。

但不得不承认，小女孩打第一下时，尧尧先是愣了一下，然后低头继续玩。在小女孩又打了一下时，我和老公同时吼了一声，尧尧才开始大哭。也就是说，孩子被打时感觉到了疼，受到了一点儿惊吓。如果给这个惊吓评级，满分 10 分的话，也就能达到 2 分左右。此时，孩子的注意力在玩上，并不在意发生了什么。但我和老公大吼的那一声，把尧尧的恐惧放大了，直接提升到了8分。所以，接下来他去儿童乐园时，特别担心小朋友靠近他，没办法安心地玩。经过好长一段时间的陪伴和情绪梳理，我们帮他把安全感补充回来，他才放心地去玩。

坦白地讲，我是知道不该大吼那一声的，这会增加孩子的恐惧情绪，但关心则乱，看到尧尧被打第二下时，完全是一种条件反射，直接吼了出去，导致尧尧被吓哭了。我想，许多父母都犯过类似的错误吧。

接下来，我先说一下，孩子被打后，家长最常见的三种错误应对方式以及原因。然后再用案例解析的方式，说明孩子被打后，到底应该怎样回应，既不会伤害到他，又能培养他自己解决问题的能力。

第一种错误应对：替孩子出手

孩子被打后，如果你直接动手替孩子打回去或者吼回去，这看似替孩子出头，让孩子有底气，不再被欺负，实则增加了孩子的恐惧感，孩子容易产生习得性无助。习得性无助的意思是，觉得自己根本无力解决这些问题，产生消极和逃避的心态。

在孩子看来，父母都这么激动了，自己遭遇的这件事一定比想象的更可怕，性质更恶劣。而自己这么渺小，什么也做不了，只能依靠父母。所以，以后遇到问题，不管自己能不能解决，只要父母在身边，就会找爸、找妈。而如果父母不在身边，孩子就只能顾影自怜，任人欺负。

第二种错误应对：强迫孩子必须还手

我其实是支持孩子还手的，后面会说具体的原因，但到底要不要还手，应该是孩子的选择，而不是父母强迫的。其实大多数被打的孩子是没有还手的能力和勇气的，如果你要求孩子被打后必须还手，只会增加孩子的压力和委屈。

我曾在网上看到过一个视频：一个妈妈站在孩子旁边愤怒地吼叫着："打回去！给我打回去！你听到没有，打回去！"孩子满脸委屈，脸上挂着泪水，还不敢哭出声来。

在他轻轻地打了对面的孩子一下后，妈妈继续吼："用力打！狠狠地打！"

对面的孩子充满恐惧地站着，一脸茫然地等待着对方还手。

孩子被人"欺负"，已经很委屈了，再因为无力还手被父母责骂，内心就更绝望了，因为他没有可以真正依靠的人。最终的结果就是，孩子以后再被人欺负时，不会再向父母求助，甚至会想办法隐瞒。

第三种错误应对：不信任、不在意、说教

这类父母大多有讨好型人格，有极低的自我价值感，总担心给别人添麻烦，总觉得是自己的问题。所以，当孩子被人欺负时，父母的第一反应是觉得自己的孩子有问题，经常会用以下方式回应：

> **不在意：**"没关系，给小朋友玩一会儿嘛，别这么小气。"
>
> **不信任：**"为什么总是欺负你啊？是不是你自己有问题？你做了什么？"
>
> **说教：**"你都几岁了，有问题要学会自己处理。同学之间相处，有矛盾很正常，聪明的孩子能化解这些矛盾……"

这些回应方式有一个共同点，就是忽视和否定孩子的感受，让孩子觉得自己是个"麻烦"，没人支持和理解自己。最终变成"乖宝宝"，习惯了忍气吞声。

孩子被打后，常见错误引导

➤ 替孩子大打出手
（增加恐惧，产生习得性无助）

➤ 强迫孩子必须还手
（恐惧加委屈，以后有困难，不再求助父母）

➤ 不信任、不在意、说教
（超级"乖宝宝"，习惯性忍气吞声）

以上这三种错误的回应方式都是在培养潜在的校园被霸凌者。

为什么每次新闻中提到校园霸凌，大多会出现"长期遭受"这几个字呢？因为这些孩子没有可以信任并求助的大人；因为家长在得知孩子被欺负时，要么会直接冲到学校去大闹一场，使得孩子被同学们嘲笑和排挤，要么不在意或者逼迫孩子打回去。孩子在遭受同学的欺负后，还要再被父母伤害一次，最终他们只能默默忍受，一小部分孩子甚至会遭受更严重的校园暴力，然后做出极端的行为。

教会孩子反击

　　回到前面提到过的两难问题：孩子被打了，到底要不要鼓励他打回去？

　　我的答案是：允许反击，但不鼓励。

　　为什么要允许孩子反击呢？

　　心理学精神分析学派有一个说法，攻击性等同于生命力：在好的促进性环境中，儿童的攻击性可以转化为活力、热情、创造力；而在坏的剥夺性环境中，攻击性就会变成破坏性。根据我个人的经验，还有一部分孩子因为父母的过度压制，彻底失去了攻击性，变得谨小慎微，总是缩在自己的壳里，对外面的世界失去了好奇与热情。

　　所以，当孩子还手时，我们要认同他的行为。这是在告诉孩子，当对方先动手时，你有保护自己的权利，也就是拥有自卫权。一个会自卫的孩子，会给对方一种不好惹的感觉，这本身也是在保护孩子。

并不是每个家长都能懂得如何引导好自己的孩子减少攻击行为，但有一点可以确定，家长肯定不想让自己的孩子被人当软柿子捏，所以有必要教给孩子基础的反击方式，在幼儿园或学校维护好自己的基本权利。当然，我的这套引导方式你可能并不认同，但可以成为你的一种选择，不是吗？

如果你的孩子因为总是被同学欺负而不敢去幼儿园，我们一定要告诉孩子："宝贝，你一定要遵守幼儿园或学校的规矩，不可以打人。但如果有人打你，你可以挡回去，因为这些规矩不重要，你最重要。如果老师批评你，我去向老师解释。你也可以大声吼，如果老师生气了，我去向老师道歉。你要保护好自己。"

孩子被欺负的时候，他的生物本能有两种：一是反击；二是逃避。老师是要对所有孩子的安全负责的，所以一定会要求孩子不还手。但作为家长，如果再给孩子太多的条件限制，会让孩子觉得自己的感受没有人在意。受到欺负的时候，他只能选择"都忍了"，毕竟并不是每次告状都能换来老师的帮助和支持的。这看似也是一种自我保护的方式，但会影响到孩子生命力的伸展，无法真诚、平等、自在地与人相处，因为他太害怕跟别人发生冲突了。

当然，打回去并不是最好的处理方式。孩子有可能遭到对方更用力的报复，还有可能被对方父母说没教养，找家长理论。所以，我们必须教会孩子除打回去以外的其他反击方式。

对于3岁以内的孩子，因为认知和判断能力有限，所以暂时不需要教他反击，他更需要的是家长的保护和情绪上的安抚。为了避免孩子对外部世界过度恐惧，而影响社交能力的正常发展，最好的方法是减少接触攻击性强的孩子。

3 岁以上的孩子，也不是很突兀地直接教他反击，而是要在孩子遇到问题之后，产生困扰时再教他。

我们可以先教给孩子三个基础方法，再留给孩子无数个空白区，让他自己"填写"。

教孩子反击

基础方法一：打回去

对于不懂得还手的孩子，我们可以教他如何反击。

我们可以告诉孩子："当别人撞到你的时候，如果不是故意的，或者影响不大，可以不去理会。

"但如果有人抢玩具、故意打你、撞倒你，可以迅速还手，或者把玩具抢回来，让对方知道你不好惹。也可以一把推开，别让对方伤到你。但如果对方是一个比你大很多的孩子，可以马上跑开，寻求大人的帮忙。如果对方是特别小的孩子，你可以轻轻推开，别伤到他。如果你把握不好力度，就选择离他远一点儿。"

这些状况对孩子来说，有点儿复杂，所以最好在家庭中玩角色扮演的打闹游戏。我们可以分别用无意撞，用力推、打、抢等方式来锻炼孩子的判断力和反击能力。

基础方法二：吼回去

从家里的绘本中找一个"熊孩子"的图片，或者在纸上画一个人的脸，让孩子把它当成伤害自己的人，然后对着它大声吼叫："住手！""走开！""还给我！""我很生气！""我不喜欢你这样做！"等等。

如果孩子没有力量吼出来，你可以大声地吼，演示给他看，让他模仿你。大吼的方式除了可以吓退对方，还有一个好处，就是宣泄委屈的情绪，给自己壮胆。

再分享一个升级方案，适合 5 岁以上、语言表达能力强的孩子。

我们可以教给孩子表情严肃、声音严厉、语速坚定而缓慢地回应："我不喜欢你这样，别再碰我。别再拿我的东西，这样只会让我讨厌你。你这样做很没礼貌，你妈妈一定不希望你这样做。如果老师知道，一定会找你谈话……"

基础方法三：开溜

有些孩子的性格比较软弱，如果对方比较强势，那就好汉不吃眼前亏，三十六计，走为上策。家长要在家中跟孩子玩打闹、抓捕游戏，增加孩子的身体反应能力，让孩子学习如何逃跑。

对于 5 岁以上的孩子，家长还可以跟孩子讨论，并教给他做预判。比如：和哪个孩子在一起容易发生冲突；小伙伴中谁比较冒失，总会弄坏玩具；在什么情况下，有攻击性的孩子容易动手；哪个孩子的情绪特别暴躁，容易伤害别人；等等。建议你的孩子主动远离那些很难控制自己情绪的孩子。

空白区：创新

前面三种是家长教给孩子最基本的反击方式，但孩子之间的矛盾不是那么简单的，所以我们要鼓励孩子自己动脑子思考，或者观察一下其他小伙伴是怎么做的，找到更好的反击方式。哪怕孩子刚开始想到的方法不怎么好，只要不影响安全，我们也可以让孩子去尝试一下。实践出真知，只有让孩子亲身去体验，他才能找到真正合适的应对方式。

除了跟孩子"纸上谈兵"地研究反击方式，还需要带孩子在家中做些练习，让孩子形成一种自我保护的应激反应。但到底选择哪种方式反击，一定要让孩子自己做决定。如果孩子跟你说的是打回去，但现实发生这样的事情时，他却选择溜走，你要做的不是挖苦或责备孩子，而是认可孩子的选择，并鼓励他不断尝试新方法，这也是在培养孩子的成长型思维。对孩子来说，即使短期内没找到解决方案，也不代表这件事永远无法改变，只要善于思考，多观察、多尝试，多难的问题也总有一天会被他搞定。

社交矛盾案例分析

孩子在社交时，很难避免有肢体或语言的冲突。面对孩子之间的矛盾，如果我们总是给予明确的指导或过多的限制，往往会让他们因缺少判断力和解决问题的能力而产生更严重的依赖心理。每当遇到问题，他们总是急着寻求大人的保护与认可。

在幼儿园和小学低年级，最常见的就是孩子之间互相告状。

- 老师，他撞到我了。
- 老师，他拿我橡皮。
- 老师，他说我是傻子。
- 老师，他瞪了我一眼。

......

尧尧上一年级的时候，因为班里一个男同学总是踢他，气得回家哭。那个男孩叫 M，经常是打尧尧一下，然后跑开。尧尧试了各种方法，都没用，最后只能去告诉老师。老师批评了那个孩子。没几天，那个男孩又开始了，还上升到了用脚踢。

我并没有去找学校找老师解决这个问题，也没有找过对方的家长，而是跟尧尧一起讨论"对策"。一段时间后，那个男孩不但不再动手了，他们还成了好朋友，经常一起玩。

接下来，我就用这件事作为案例，分别从打人和被打两种视角出发，教给你有效的引导方式，培养孩子自我保护、积极处理矛盾的能力。

在这里特别说明一下，除了肢体上的冲突，语言暴力对孩子的伤害也是很大的，家长不能忽视。不过，具体引导的流程都是通用的，所以我在后面的分析中，就不单独讲解语言暴力的问题了。

孩子被打，怎么引导

父母在听说孩子被打后的正确做法

当孩子回家告诉你，有人打他了，你最先要做的是控制好自己的情绪。你一定要保持冷静，千万不要表现出过激的情绪，

因为这会增加孩子的恐惧和委屈。如果他自己也有错，那他就更不敢说实话了。只有你保持冷静，才能真正帮助到孩子。

接下来分三步引导。

第一步：询问细节，了解真实情况

有些父母特别担心孩子被人欺负，经常会问："幼儿园有人打你吗？学校有人欺负你吗？"这是一种特别不好的心理暗示，因为孩子大多数时候搞不清楚什么是故意欺负、什么是无意撞到，所以变得特别敏感，和小朋友有一点儿小摩擦，他就会回家说被同学打了。还有的孩子想求关注时，就会说自己被小朋友打了，因为每次说自己被打，父母就会放下手里的一切过来关心他。

所以，我们需要问孩子一些细节来确定事情的真实性。

比如："谁打你啊？他的名字叫什么？老师看到了吗？老师怎么处理的？他打你哪里了？为什么打你？打你后，你做了什么？"

问的时候，要看着孩子的眼睛，语气要平和、真诚。通过孩子回答时的眼神、表情、语气，你大概就能判断出他说的是不是真实的。

第二步：情绪回应，安抚情绪

当确认孩子被打这件事真实发生过以后，一定要先回应孩子的情感需要。因为事情已经发生了，我们要做的是尽量降低孩子心理上的创伤，避免孩子因为这件事不敢去上学或者交友。

根据孩子的理解和表达能力的不同，我们可以用以下方式回应。

- 你当时有什么感受？你害怕吗？委屈吗？伤心吗？
- 宝贝受委屈了，妈妈抱抱你好吗？（同时抚摸孩子的头和后背，舒缓情绪。）
- 如果有人打（骂）我，我也会又生气又委屈的。
- 他那样说你，你觉得对吗？
- 你当时没有反驳，是不是因为太生气了？
- 对啊，怎么能这么说呢！这也太过分了。

第三步：启动积极心态，建立成长型思维

安抚完情绪，等孩子平静了，再带他简单梳理一下整个事件。但你一定要注意，别太烦琐，这样会让孩子失去耐心。两三句话概括完就行，重点要放在跟孩子商量如何应对。

拿尧尧被打为例，我是这样梳理的：

> 我："感觉好点儿了吗？我们来商量一下，怎么搞定他吧！"
>
> 尧尧："不可能的，没人能搞定。他谁都打，老师都拿他没办法。"

我："嗯，别着急嘛。我们把事情捋一下，然后一起想办法。如果我们想不出来，可以找爸爸帮助，再不行就上网搜搜。如果还是不行，咱们就用最笨的办法，一个一个尝试，总有一个办法能搞定。"

当我说完这句话时，尧尧的眼睛一下子放光了，似乎看到了希望。这也是你一定要对孩子说的。可别小看这句话，它会把孩子的注意力从"被欺负""好伤心""好害怕"，转移到"如何搞定他""我要再试试"，这也相当于启动了孩子大脑的"应战思维"。这是一种态度上的转变，从被动转为主动，把孩子内心的负面感受转化为勇气和力量。

尧尧："好！那到底要怎么做？"

我："你刚刚说过，打你的男孩叫 M，对吗？他第一次打你的时候，你以为他是无意的，没理会。后来他又打你，你吼了他，但他还是会打你。于是，你就告诉老师了。M 被批评后，还是不改这个坏毛病。你打回去，他就直接用脚踢你，所以你被气哭了。对吗？"（这是通过前两步，我得到的一些有效信息。）

尧尧："对，他太讨厌了，就是有病。"

我："你说，他谁都打，你们班有没有没被打过的同学？"

这个问题是引导孩子逆向思考，看看没有被打的同学有什么特点，可能会帮助孩子推理出自己被打的原因。

尧尧："没有，都被他打过。"

我："一个也没有？女生也都被他打过？不着急，你再好好想想。"

孩子经常会因情绪而放大事件，所以用再问一遍的方式帮他看清事实。

尧尧："小苏没有被打，噢！小丽也没有被打。"

我："噢，你很善于观察啊！这两个人为什么没有被打？"

在日常聊天中，我们要经常强化孩子善于思考、善于观察、善于总结、善于表达等优点，让这些优点内化于心，成为孩子的思维习惯。

尧尧："不知道，我从来没想过。"

可以继续追问细节，比如他们的身高、性格、成绩等。也可以暂时放一下，从别的地方入手。

我："那他打别人时，别人有什么反应？有没有哪个同学，他再也不敢惹了？"

引导孩子发散思维，观察别人的相处模式和应对方式，博采众长。

尧尧："有，小胖把他的铅笔盒扔到地上，踩烂了。他哭着告老师了。然后，他再也没去打小胖。"

我："咦？原来你早就看到了这个方式，那你为什么不用？"

如果你的孩子用了类似的极端方式，也不要急于否定他，而是问他这样做有什么优点、有什么缺点。鼓励他思考，有没有更好的方式。

尧尧："我怕老师批评我。而且，这样有点儿狠，我不喜欢。"

我："嗯，你很有自己的判断力。那你的同学们还有其他对策吗？"

尧尧："打回去、吼回去、不理他，都用了。没用的。"

我："他会打自己的好朋友吗？"

尧尧："他这人，这么讨厌，怎么会有朋友？"

我："没朋友啊？有没有可能，他是想跟你们玩？"

这是打人孩子常有的心理需求，所以即使你的孩子从来不打人，也应该看一下本章节前面关于打人孩子的具体分析。

尧尧："啊？怎么可能？他从来没说过要跟我们玩。"

我："有没有可能，他不懂得怎么说。你们班上有没有同学说话含混不清的？"

尧尧："有。难道他真的是想跟我们玩？"

我："有可能。要不你明天问问？"

尧尧："不要，我讨厌他，不跟他玩。"

当孩子明确表示不跟谁玩时，我们一定要支持他的决定，因为孩子的想法每天都在改变，很可能一段时间后，他们又成了朋友。在这个过程中，孩子在跟着自己的真实感觉和体验选择交往的朋友。但如果你刻意要求孩子与之交往，很可能会让孩子感到困扰，因为他不得不考虑父母的建议。

我："噢，跟不跟他一起玩，你自己决定。但他还是打你，怎么办？"

尧尧："那我告诉他，我已经知道他想跟我玩了，但很讨厌他用这种方式，所以我拒绝跟他玩。"

虽然不是最好的方式，但既然孩子提出来了，又没有什么太大影响，就让他去尝试一下。体验、实践，才能让孩子有更多经验。

我："嗯，可以试试。期待你明天回家分享成果。"

尧尧："万一不行，怎么办？"

我："我们继续商量对策，一定还有更好的方法。"

注意，我提到了"一定"和"更好"这两个关键词，这是一种积极的心理暗示，让孩子面对问题时，注意力放在怎么解决上，而不是抱怨为什么自己遇到这样的事。这就是在建立孩子的成长型思维，再难的问题也不会轻易放弃和退缩。

尧尧："耶！"（然后跑进房间写作业了。）

第二天，尧尧回家没有提这件事，但心情明显很好，我就没有主动问。又过了一周，他回家用纸叠了几只小船给我看。

你能猜到是谁教他的吗？

没错，是 M，那个踢他的孩子。两个人成了好朋友。

因为尧尧对他说："你总是打我，是为了引起我的注意，想跟我玩，但我很讨厌你这种方式。"

M 说："你不跟我玩，我就一直打。"

尧尧无奈地说："好吧，那我带你一起玩，但你要听我的。"

孩子的友情，就这么无厘头地开始了。现在，尧尧上五年级，和那个男孩还是好朋友，而且他们的"队伍"在不断地壮大。

孩子在眼前被打时，家长的正确做法

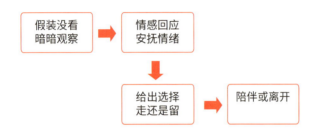

如果孩子是在家长的面前被小朋友打的，家长应该怎样处理呢？

2 岁以内的孩子，是没有自我保护能力的，所以家长需要寸步不离地守着孩子。有人打孩子，就马上阻止。如果孩子被吓到，就把孩子抱起来安抚他的情绪，认同孩子的恐惧，并让孩子知道自己是安全的，家长会一直陪伴在他身边。

2～3 岁的孩子，身体已经发展出一定的活动能力，有了闪躲意识。这时，可以让孩子自己进儿童乐园玩，但家长要在一旁看着孩子。一方面是因为孩子的表达能力有限，万一受到伤害自己也讲不明白，只会哭；另一方面是因为乐园里孩子的年龄参差不齐，如果发现顽皮的大孩子在附近激烈打闹，一定要及时进到乐园里保护自己的孩子。

前文说过，尧尧 2 岁时脑袋被拍那次，是因为我和老公大吼了一声，才被吓到。所以，当有大孩子要撞到或者推倒孩子的时候，我们要做的是缩小这件事对孩子的负面影响。最好直接用身体挡住，或者用手阻止对方，然后再提醒对方这里有小宝宝。但如果那一刻你也跟我一样，离孩子比较远，那就只能"路见不平一声吼"了，过后记得要安抚孩子的情绪。

3岁以上已经上幼儿园的孩子，我们就可以适当放手，让孩子自己在儿童乐园等安全的环境中玩耍。当孩子被推、撞、打、抢玩具时，如果安全没问题，不是很严重的肢体冲突，我们可以先假装没看到，然后偷偷观察孩子是怎样面对的。一方面可以了解孩子是否具备自我保护的能力；另一方面不会因为我们的介入而夸大这件事对孩子的负面影响力。

如果孩子主动向我们求助或者哭了，我们就要快步走到他身边。一边蹲下来抱抱孩子，一边共情他的感受："宝贝，我看到刚刚好像有人推了你，是不是被吓了一跳？来，我抱抱。"或者："玩具被抢走了？是不是有些生气，还有些委屈啊？来，我抱抱你。"

等孩子平静一点儿后，我们可以问一下孩子，是否要继续在这里玩。如果孩子不想玩了，就带孩子离开；如果孩子还想玩，我们就陪在他身边，让他可以安心地玩耍，同时也避免再起争端。

如果孩子的玩具被抢走了，我们可以问一下孩子，他想自己去要回来，还是妈妈陪着他一起。也就是说，一定要把决定权放到孩子手里。不管孩子做出怎样的决定，我们都尽量支持他，这有助于减少孩子的无力感。在父母这里"充足了电"，孩子就会再次回到小朋友的群体中玩耍了。

　　在这里我想提醒你，如果你当着自己孩子的面，狠狠地教训了那个孩子，对于你自己孩子的成长是没有任何帮助的。毕竟，别人孩子的教养是我们无法左右的，这也是孩子成长中必须面对的环境因素。所以，最好先处理好孩子的情绪，回家再跟孩子讨论应该怎样面对矛盾和保护自己。在这本书中，有专门的章节为你分享遇到"没有教养"的孩子，应该如何引导自己的孩子，这里就不赘述了。

第七章

会分享的孩子
更受欢迎

"这孩子也太小气了吧？"

孩子不爱分享就是自私、小气吗

你是否有过这样的经历：家里来了一个小朋友，小朋友看到玩具就拿起来玩，你的孩子一把抢回去，然后那个小朋友就

家里来了客人，但喵七七一点儿也不开心。

"哇"的一声哭了。你觉得自己的孩子太没礼貌了，于是告诉他对方是客人，要学会主动分享，把玩具给小朋友玩一会儿。结果，你的孩子坚决不肯，抱着玩具不肯放手。

对方妈妈见状，赶紧抱起自己的孩子安慰道："宝贝乖，不哭了。妈妈给你带了玩具，我们玩自己的。"那个孩子却一定要刚刚那个玩具，而且哭得更大声了。

你感觉很尴尬，于是随手拿起另一个玩具给正在哭的小朋友。结果，你的孩子又不干了，说那个也是自己的玩具，谁也不给……

大多数家长看到这里，都会无奈地说："对呀，现在的孩子太自私了，不懂得分享。"其实，刚刚的场景并不是孩子自私，而是因为两个孩子都没有明确的物权概念。

什么是物权概念

简单点说，就是你的东西属于你，你说了算；我的东西属于我，我说了算。在明确物权以后，孩子才会安心地开始"交换玩具"，而这也是学会"分享"的第一步。如果一个孩子到了七八岁，还会随意去拿别人的东西，那父母就需要给孩子补上物权这一课了。

从下页图中，我们可以看到每个年龄段的孩子对于物权意识的不同表现。

培养爱分享的孩子

```
        ┌──────────┐
        │   物权    │
        │  2岁开始   │ ──→
        └──────────┘
┌──────────┐  ┌──────────┐  ┌──────────┐
│  分辨力   │  │  不强迫   │  │ 真实体验  │
│  5岁开始   │  │          │  │  3岁开始   │
└──────────┘  └──────────┘  └──────────┘
   ↑                             │
   │                             ↓
┌──────────┐  ┌──────────┐  ┌──────────┐
│  同理心   │ ←│          │← │   榜样    │
│  4岁开始   │  │          │  │  3岁开始   │
└──────────┘  └──────────┘  └──────────┘
```

　　通常从 2 岁开始，孩子的自我意识逐渐萌芽，经常会说"我的""你的"。自己心爱的玩具，有时连妈妈都不可以玩。这可不是自私，这是建构"完整自我"的一个过程，也就是自己是独立的个体，自己可以真正拥有属于自己的东西。自我完整的孩子拥有清晰的边界意识，懂得维护自己，也懂得尊重他人。在跟其他孩子玩耍时，他知道自己的玩具自己说了算，就算给其他人玩一会儿，最终也是要还回来的，他不会失去自己的玩具。而别人的东西，他也不可以随意去拿，必须经过别人的同意，就是再喜欢，玩了之后也必须还给别人。

如何帮助孩子建立物权概念

给孩子建立物权概念，父母具体要做什么呢？

对于 2 岁左右的小宝宝，我们只要在他说"我的"时，给予确认就可以了。

我们可以说："没错，是宝宝的。"或者："是的，这个娃娃是你的。"这就是在确认他的物权，会增加宝宝对玩具的安全感，为以后的分享打好基础。

等孩子再大一点儿，大概 2 岁半以上，我们可以带他在家里玩一个物权的小游戏。有以下两种玩法。

物权游戏 1：谁的东西

在桌子或者爬爬垫的中间放几样物品，然后拿起其中一个，问孩子："你知道这是谁的钥匙吗？"

孩子回答："爸爸的。"

我们可以继续问："嗯，是的，钥匙是爸爸的。爸爸的钥匙应该放在哪里呢？你把它放回去好吗？"或者："妈妈跟你一起放回去好吗？"

这个游戏，既可以帮孩子明确物品的归属权，又可以锻炼他的观察力和空间思维，还可以为孩子以后帮忙整理房间打基础。

这个游戏不只适合小宝宝，六七岁的大孩子，如果没有物权的概念，也可以玩这样的小游戏，但要提升一下难度。比如，物品换成一本大人的书，问一下孩子这是爸爸看的，还是妈妈看的。孩子需要根据书名，或者父母的喜好来判断。

物权游戏 2：学会说"不"

在桌子或者爬爬垫的中间放几样物品，然后妈妈拿起其中一个，问爸爸："你知道这是谁的吗？"

爸爸回答："我的。"

妈妈继续问："我可以直接拿来用吗？"

爸爸回答："不可以。这是我的。"

妈妈回答："噢，那我可以借你的用一下，用完还给你吗？"

爸爸回答："可以，但记得还给我。"

妈妈说："好的，谢谢你。"

父母做完演示后，再拿起一样东西问孩子，看他是否学会了。如果只有妈妈一个人带孩子，可以用玩偶扮演的方式完成以上对话。最重要的是，要像玩游戏那样，轻松一些。我们要经常带孩子玩，并不断提升对话的难度。等孩子对物权很明确后，可以再问："妈妈很喜欢爸爸的钢笔，可他不愿意给我，怎么办呢？"不管孩子给出的是什么样的建议，我们都要给予回应："嗯，谢谢你帮我想的办法，下次我要试一试。"鼓励孩子积极思考，培养孩子主动解决问题的能力。

当孩子有了明确的物权概念后，不管是家里来了小客人，还是去别人家里做客，他都知道：谁的玩具，谁说了算。想玩，必须问过玩具的主人，主人同意才能玩，孩子之间的冲突就会大大减少。

物权明确后，宝宝还是抢玩具怎么办

如果看到其他小朋友的玩具，孩子要去拿，我们可以一边阻止他的行为，一边说："这是哥哥的，不是你的。"

如果孩子哭闹，那就把他抱起来，安抚他的情绪。其实孩子已经知道这不是自己的玩具了，但无法获得玩具的挫败感让他产生了强烈的情绪，又因为年龄太小，无法管理好自己的情绪，只能用哭闹来表达。这个时候，孩子需要的是有人能回应并接住他的情绪。

所以，孩子哭闹的时候，父母需要快速做"情感分离"，告诉自己："这是孩子的情绪，不是你的情绪，孩子需要的是你的共情与陪伴。"然后，轻轻抚摸孩子的头和后背，并在他耳边缓慢、温和地说："我知道，不能玩小汽车让你很生气，也很委屈，你哭一会儿吧。我抱着你，我陪着你。"让他安心地在你的怀中释放情绪。

在这段话中，有对孩子情绪的理解和接纳。虽然不会让孩子马上停止哭闹，但这会让他开始了解自己，知道自己为什么这么难受，知道自己被"生气""委屈"之类的东西所影响。随着年龄的增长，他会越来越多地认知自己的情绪，把看不见、摸不着的情绪用"情绪词"表达出来。如果孩子有了这样的心智化能力，就会减少打人、推人、咬人等攻击行为，他会主动地表达并转化情绪，哭闹的时间也会慢慢缩短。

在儿童乐园，孩子的物权概念再次混乱，怎么办

为什么变换场景后，孩子的物权概念会再次混乱？

当孩子进入儿童乐园时，往往会被里面各种新奇的玩具所吸引，看到喜欢的就想占为己有。如果有其他小朋友也想玩，他会认为对方是在抢自己的玩具，这就会引发冲突。还有的孩子，刚上幼儿园的时候，会把幼儿园的东西带回家。父母如果不了解原因，会认为孩子学坏了，开始"偷东西"了。

其实，这都是物权概念不够清晰导致的。可能在自己家的时候，孩子能清楚地知道，哪些东西是自己的，哪些不是。但变换一个场景，孩子就搞不清楚哪些东西属于自己，哪些不属于自己了。

所以，我们不要随意就给孩子贴上"偷""抢"这样的标签。而是问一下孩子："你知道这些玩具是谁的吗？"

如果孩子回答儿童乐园、幼儿园之类的，说明他知道东西属于谁，但不懂得新场景的规则。我们可以告诉他："既然你知道这是儿童乐园的玩具，那就是说，它们不属于你，也不属

于其他小朋友，对吗？"说的时候，语速一定要慢，蹲下来，看着孩子的眼睛，确定孩子是真的听懂了，而不是为了尽快去玩，用点头来敷衍我们。

接下来，我们可以问这样几个问题来引导孩子更快地理解规则。至于到底问哪个，要由家长根据孩子当时存在的问题来决定。

问题一："那你觉得，喜欢的玩具可以带回家吗？"

这是让孩子对自己的行为进行约束。当孩子回答"不可以"时，我们要给予认同："很好，你已经知道幼儿园（儿童乐园）的玩具不可以带回家了，我们一起还回去吧。"

问题二："在什么情况下，你可以直接拿起小火车来玩呢？"

这是帮孩子做一下场景的切换，让孩子关注新规则。如果孩子不理解你的问题，或者不知道该怎么回答，我们可以直接告诉他："在儿童乐园里，玩具放在那里，你可以直接拿起来玩。如果有人正在玩，就要等一会儿，等到那个小朋友不玩了，你再去玩。"

问题三："如果有小朋友一直在玩你喜欢的小火车，你可以做些什么呢？"

这是一个开放性问题，启发孩子多方面思考，养成积极解决问题的习惯。所以，不管孩子回答的是什么，我们都要给予"鼓励＋启发"的回应方式："嗯，这个办法可以试试，那还有其他办法吗？"

等孩子说出一两个方法后，不管是否合理，只要不会伤害别人，都可以让他去尝试。即使失败了，也没关系。孩子需要知道，这个世界不是围绕他一个人运转的，他的办法在有些孩子身上管用，在有些孩子身上不管用。因为每个人都是不同的，这才是真实的世界。

当一个孩子用自己想出的办法解决了问题时，他就会产生"自我效能感"。"自我效能感"就是我觉得我可以，我认为自己能够通过努力，达成某个目标，解决某些问题。

如果你的孩子回答的是："不知道。"那你就需要给出2～3个选择，引导孩子思考。可以这样问："你是先玩其他玩具，还是跟他商量一下，一起玩呢？"这样，孩子既理解了新规则，也学会了灵活地处理问题。在下次遇到类似的问题时，他就会积极思考解决办法。

当然，还有一些场景，也是会经常发生争抢玩具的情况，比如家庭聚会、去亲戚家玩、同小区里的孩子一起玩耍、在绘本馆里看书等，我们不用急于让孩子提前区分清楚所有场景的规则，因为这一点很难做到。我们只需要在不同场景出现问题时，给予引导即可。孩子的学习能力是非常强大的，在经历几次不同场景，并得到有效引导后，他们会轻松地适应和维护新规则。

从 3 岁开始，孩子进入社交的敏感期，他们开始尝试交换与分享，但在 4 岁以前，孩子的物权概念依然是模糊不清的。比如，送出去的东西又要回来；说好了交换零食，吃完又反悔，哭着喊着想要回自己原来的棒棒糖；等等。父母不要刻意回避这样的状况，要知道每次的争执都是一次很好的成长机会。

我们可以分以下三步来引导。

（1）回应并接住孩子的情绪（前文讲过，这里不再赘述）。

（2）等孩子的情绪稳定下来后，帮孩子梳理一下物权的问题（东西没交换之前是谁的，交换后是谁的）。

（3）跟孩子讨论解决方案。在大多数情况下，找不到一个所谓的合理方案，但我们要真诚并积极地跟孩子讨论，因为讨论的过程会让孩子在一次次实践中，懂得权衡，学会处理矛盾。

在这里为大家准备一些话术，大家可以根据情况灵活使用。

（1）说好交换，你现在反悔了，想要回自己的小汽车，但小明不同意，有什么别的办法解决吗？你怎么跟他商量，他才会同意呢？

（适用于孩子交换玩具后又反悔，对方也不肯还的情况，引导孩子想办法。）

（2）说好了跟你交换玩具，现在又反悔了，你觉得小明这样做好吗？如果是你，你会反悔吗？如果你反悔了，希望对方怎么做？下次你还会跟别人交换玩具吗？交换玩具前要约定什么呢？

（适用于交换玩具后，对方反悔的情况，引导孩子换位思考，寻找解决方法。）

物权的矛盾不只是出现在三四岁小孩子的身上，还有小学生，尤其在一、二年级的小学生之间，经常因为物权不明确而发生争执。如果你的孩子已经上小学了，依然会遇到这方面的问题，你就需要采用前文提到的降级养育的方式（用低一个年龄段的方法），帮孩子补上这方面认知的缺失。

建立物权意识后，
孩子不肯分享，怎么办

你可能会很纳闷儿，为什么我花这么长的篇幅来强调孩子物权意识的重要性？

因为这不单是分不分享的问题，更是孩子心理发展的一种需求。只有这种需求被满足了，孩子才会顺利地进入下一个阶段，开始安心地与人交往。

孩子最初来到这个世界上，认为自己和妈妈，甚至整个世界都是一体的，自己的想法就是妈妈的想法。

6个月到1岁左右，孩子逐渐意识到自己是独立的个体，跟妈妈有着不同的需求和感觉。

2～3岁，孩子的自我意识觉醒，经常会用"不"来表达自己的独立意志。也就是说，"我的事情我说了算，我可以不听你的"。他们想在家庭中"宣夺主权"，开始发展独立并完整的自我。当孩子不愿意分享玩具时，要允许孩子说"不"。这既是对物权的确认，又是在保护孩子的边界意识，帮助孩子更好地发展自我意识。

3 岁以后，孩子开始对外面的世界更感兴趣，进入社交的敏感期。一个有独立意志的孩子，才能在社交中充分感受友情带来的美好，并乐于跟朋友分享自己的玩具等物品。

所以，想让孩子有清晰的物权概念，就要先让他们有说"不"的权利。父母要主动保护孩子的物权，当孩子不愿意分享自己的玩具时，就可以不用分享。只有让孩子真正拥有玩具的支配权，他们才会在以后的社交中乐于分享，这才符合儿童心理发展的需求。

强迫分享，会让孩子走向两种极端

一种是特别自私，这样的孩子得失心重，缺少延迟满足的能力。

比如，有的孩子到小区楼下玩耍时，会把玩具放在家里，因为担心带出去会被"分享"。还有的孩子，家里来客人了，马上把心爱的玩具藏到衣柜里，生怕被发现。

明明是自己的玩具，却不能由自己决定。家里来了其他小朋友，不管自己是否愿意，都必须把玩具让给对方玩。看起来孩子已经得到了心爱的玩具，但随时可能失去，因为支配权并不在自己这里，而是在父母那里。也就是说，自己从未真正拥有过这个玩具。

这会让孩子内心产生极大的匮乏感，匮乏感会让孩子心里形成一个总是填不满的洞。为了填满这个"洞"，他们会想尽办法去"得到"些什么，逐渐变得越来越贪婪。在"先玩还是先学""先吃还是一起吃"这样的选择面前，他们会更看重眼前的利益，没有延迟满足的能力，因为他们心里总有一个声音在说：赶快（吃、玩耍、买），不然机会就没有了。

另一种极端是不懂拒绝，形成迎合、讨好他人的习惯。

当孩子不肯分享自己的玩具时，有的父母会数落孩子小心眼儿，让孩子"大方"一点儿，主动把玩具拿出来。还有的父母会觉得孩子这样小气，让自己很没面子，于是用"你有很多汽车了""这个陀螺你都不怎么玩了""以后再给你买"来说服孩子把玩具给别人玩。虽然孩子内心有委屈，但他们知道自己太弱小了，无力反抗父母，不得不与别人分享。

孩子从小就有一种察言观色的能力，他们会从父母的表情、语气、行为中判断父母是否爱自己。当他们发现大人们经常表扬分享玩具的孩子，自己把玩具"让出去"的时候，父母会特别开心，又是微笑、又是拥抱、又是亲吻时，他们就会认为父母喜欢"那样的孩子"。如果自己不主动分享，可能会失去父母的爱。于是，他们在心里衍生出另一个"自己"，把委屈、失落、恐惧的自己隐藏起来，通过主动与小朋友分享心爱的玩具来讨好父母，逐渐形成讨好型人格。

培养同理心，让孩子更爱分享

如果一个孩子从小就能得到父母的尊重，没有被大人强迫分享，到四五岁以后，他的同理心才可能开始发展，分辨力逐渐形成，他就开始喜欢跟别人分享自己的东西。这种分享出自真心，会滋养孩子的生命力。

小花在楼下玩的时候认识了一个新朋友，叫小草，两个人玩得特别开心。小草送给小花一个好看的小贴纸，小花拿给妈妈看。妈妈跟小花说："你收到了礼物，开心吗？那你是不是应该把遥控汽车给你的新朋友玩一会儿？"妈妈是想借机教会孩子跟别人分享。

没想到小花一听妈妈这样说，马上紧张起来，说："不要。"

妈妈说："干吗这么小气？给别人玩一会儿嘛。"

小花坚持说："她会把汽车弄坏的，我不要给她玩。"

妈妈觉得小花太自私了，于是要求她把小贴纸还给人家。小花心里舍不得，但怕别人玩坏自己的遥控汽车，只得把小贴纸还给小草。

只想得到别人的东西，却不肯分享自己的玩具，真的是孩子太自私吗？其实是因为他们没有同理心，在刚开始社交时，会不自觉地以自己为中心，而忽视他人的需求和感受。

就像案例中的小花，在收到小贴纸时，心里很高兴，也会主动跟妈妈分享自己的喜悦。但她不会去考虑自己的新朋友小草有什么样的需求，或者如果让小草跟自己一起玩遥控汽车，会给对方带来什么样的愉快体验。

所以，当妈妈要求她分享时，她会因为担心遥控汽车被弄坏而拒绝分享。

前文提到过当孩子哭闹的时候，我们可以告诉孩子当下的情绪叫什么，比如伤心、委屈、生气等，这是让孩子认知自己的情绪。通常孩子到 4 岁左右，就会开始发展出同理心，也就是注意到别人的想法和感受跟自己是不同的。比如，自己喜欢小汽车，别人却喜欢毛绒小狗；自己喜欢玩打闹游戏，小伙伴却喜欢玩拼图游戏；等等。

虽然他们能感受到这种区别，但想让孩子主动考虑到别人的感受，然后做出合适的行为是需要父母给予一些引导的。

还拿刚刚的案例来说，当小花拿着小贴纸来找妈妈时，妈妈给予了很好的情感回应，也就是："你收到了礼物，开心吗？"

但接下来，妈妈就进入了许多父母常见的引导模式：直接给出行为指令，让小花分享自己的玩具。这会让小花错误地理解分享的本质。她会认为，分享其实就是交换。因为小草给了自己东西，所以自己必须给小花些什么。这就失去了分享的意义。

被这样引导的孩子，在以后的社交中也经常会感到困扰。要么担心自己"欠了"别人，要么谴责别人不懂"回报"。

那妈妈应该怎么做呢？

其实，只要按刚刚的情感模式继续进行就可以了。在问过小花得到礼物的感受后，再问一下，如果她邀请小草一起玩遥控汽车，会给小草带来怎样的感受。小花马上会想到自己玩遥控汽车时的愉快体验，如果小草能一起玩，她或许可以感受到同样的快乐。

当孩子意识到自己的分享行为也会给对方带来愉快体验时，他就会更愿意分享。

当然，如果孩子依然不舍得分享，也不用勉强，要尊重他的选择。因为这并不是自私，孩子只是需要一段时间来理解和消化分享这件事。

我们可以这样回应："嗯，不想给小草玩也没关系。等到你想分享的时候再给吧。相信那个时候，小草会跟你刚刚一样开心。"你可别小看这句话，除了是把决策权交到孩子手里，让孩子更有自主感，同时也是在给孩子的心里种一颗"分享"的小种子。

总有一天，这颗种子会发芽。那个时候，孩子就会发自内心地喜欢与别人分享。分享的本质就是出自真心，不求回报地分享快乐，滋养彼此。

分享中懂得权衡，
让孩子未来更有竞争力

　　小方是一个特别热情的孩子，经常把自己的书、文具等借给同学用。但妈妈注意到，小方的画笔常常会"丢"。仔细寻问才知道，同学小莉总是忘记带画笔，每次都会向小方借，用完经常不还。

　　小莉还会借其他东西，如果小方不借，小莉会以"干吗那么小气，用完就还你"或者"就这一次，求求你啦"这种软磨硬泡的方式来驱使小方借给自己。

　　小方碍于面子，又怕被说小气，就借给小莉了。但当小方想借小莉的东西时，就会被她以各种理由拒绝。这让小方内心委屈极了，但又不知道该怎么处理。

　　在这个案例中，小方是典型的付出者，把自己的分享当成理所当然的事情。这样的孩子乐于分享，却不懂得权衡在什么情况下可以分享，什么情况下不必分享。他们大多有讨好型人格，看似人缘好，却常常因为没有自己的底线而围着别人的需求转，耽误了自己的事。

而小莉是典型的索取者，对别人的分享都能坦然接受，对于自己的物品却特别珍惜，只懂索取，从不分享。许多父母会误认为这是孩子情商高或者人缘好的表现，因为他们有办法哄得别人为自己付出。但当孩子慢慢长大，进入成年人的社会后，这样的人会被大家敬而远之，因为他们的成功是建立在剥夺别人、成就自己的基础之上。有一个大家熟知的词叫"精致的利己主义者"，指的就是这类人。没有人会愿意永远做别人的"垫脚石"，在看清事实真相后，大家会选择远离这样的人。

你可能想问："付出者和索取者都不好，那怎样才算好？"答案是：懂得权衡，追求双赢的"利他利己者"。

我在上海工作过七年，从公司的销售员到副总，不只是职位的变化，也是不断认知并完善自我的过程。我初入职场时是一个典型的付出者。在我看来，同事特别是领导的事情，比我自己的事情更重要。我会主动分担别人的工作，经常把自己搞得身心疲惫，却业绩平平。

后来，我开始大量读书，销售类、管理类、励志类、心理学的书随身携带，有空闲时间就拿起来读。我逐渐认识到，我一直用错了力，把自己的精力放在了别人对自己的评价上。我认为，别人喜欢我，我才能在公司有立足之地，职业生涯才会顺利。所以，我要很努力地讨好别人，才能赢得别人对我的认可，而放在工作上的精力就少得可怜了。业绩不好，让我的位置岌岌可危。为了保住工作，我就更努力地讨好领导和公司元老。最终形成恶性循环。

在意识到这一切以后，我开始改变，而改变是从"拒绝"开始的。拒绝分担别人的工作，拒绝每次见完客户后帮大家代买下午茶，拒绝帮老员工整理一堆无效资料，等等。我把所有的精力都放在自己的本职工作和读书、学习上。

在读书的过程中，我学会了一个全新的销售理念，叫"双赢"。既不讨好，也不索取，在保证品质的基础上，把价格做到最低，让双方都赢利，赢得更好的口碑。这样一来，客户有了更多稳定的客源，而我也有了稳定的合作甲方。

经过半年的努力，我成为业绩最好的销售员，第二年当上了部门经理。又因为我之前读过大量管理类图书，并学以致用，不到三年时间，成为公司的副总。

后来我发现，大多在职场上一直发展很好的精英都具备这样的品质。他们在复杂的人际关系中，懂得权衡，有清晰的边界感，会专注地做好自己分内的事。与人有交集时，他们会主动考虑双方的需求和感受。既不委屈自己成全他人，也不剥夺他人成就自己，这是一种宝贵的社会竞争力。

怎样才能让孩子拥有竞争力

4 岁开始，孩子就有同理心了。除了自己的利益，他们也会在意别人的感受。但此时，他们还不太能分辨付出者和索取者。家长也不要太过在意自己孩子是否吃亏，要让他们先体会分享带来的乐趣。随着社交能力的发展，到五六岁，他们会从有人一起玩就行，变成有选择性地交朋友。这个时候，拥有清晰的自我意识，能够感知和表达自己情绪的孩子，就会开始对索取者说"不"。

如果你的孩子是典型的付出者，经常吃亏，却不自知。家长首先要考虑的，是在家庭中，孩子是否有说"不"的权利。如果在家庭中，父母就是绝对的权威，孩子的自我意识得不到很好的伸展，在外面的时候，他们也就没有勇气拒绝索取者的入侵。

不希望孩子成为付出者，可以从以下几点给出引导。

（1）在家庭中给予孩子自主权。从 2 岁自我意识觉醒开始，允许他们说"不"，理解孩子跟自己想法上的不同，在不影响安全的前提下，给孩子选择的权利。如果错过了这个年龄段，也别担心，只要在后面的养育中，给予孩子更多的话语权，倾听并尊重孩子的想法，他们的自我意识就会得到重建。

（2）2岁开始做情绪的教养，教会孩子认识情绪，4岁开始培养孩子的同理心。当他们能清楚地区分自己和他人的感受时，就会自动地远离索取者。

（3）保持良好的亲子沟通，当发现孩子身边有索取者时，我们可以跟孩子讨论，哪些分享会带来滋养，哪些分享会导致匮乏。

我们可以通过以下这些问题，跟孩子进行头脑风暴。

（1）打开讨论的话匣子。

问孩子："我注意到，你经常把自己的玩具分享给好朋友。每次分享，都会让你感觉开心吗？"

或者："你的朋友也会跟你分享他们的玩具吗？"

（2）孩子提到不分享的索取者时……

问孩子："小明从来不跟你分享玩具，那你还喜欢跟他玩吗？你跟小明说过你的感受吗？"

或者："你的另一个朋友小白也会这样吗？为什么小白会主动跟你分享？你更喜欢哪个朋友？"

（3）当孩子对索取者产生情感依赖时……

问孩子："小明身上什么地方吸引你？除了小明，你是否考虑过认识其他的新朋友？"

或者："如果你不把自己的玩具分享给小明，他还会跟你做朋友吗？"

以上这些问题并不是在指挥孩子远离索取者，而是给孩子思考和权衡的方向。当孩子逐渐意识到，社交关系中存在失衡的问题，自己内心有被剥夺的感觉时，就会开始尝试改变与别人相处的模式了。

在转变的过程中，父母要允许"子弹飞一会儿"。在孩子困扰时，跟他们再次进行头脑风暴，随着认识和思维能力的提升，孩子会开始拒绝索取者过多的要求，或者干脆远离索取者。这种转变能够很好地保护孩子的生命力，也让孩子具备把注意力放在重要的人和事上的竞争力。

如果孩子是索取者，怎么办

首先你要知道，每个人天生都是索取者。我们一出生，必须从父母那里得到食物和照顾，才能存活下来。所以，我们不能苛刻地要求一个两三岁的孩子主动与人分享。

3岁以后，孩子进入社交敏感期，开始走向外部世界后，他们就要学着与人合作了，玩具的交换也是合作的一种。但这个时候，大多数孩子还是不愿意分享自己的玩具。在和别人玩耍的时候，他们更想"索取"。大概在孩子4岁，有了同理心和清晰的物权意识后，他们就会开始出现分享的行为。

如果你的孩子这些条件都具备了，依然只想索取，不想付出，那就要反思你日常的养育方式是否有问题。安全感缺失、情感忽视、故意拖延满足孩子的需求等，都会造成孩子内心严重的匮乏感，索取者之所以总想从别人那里得到些什么，就是因为内心总有一个填不满的洞，以致孩子在与人交往时得失心太重，总想通过"得到"来填补内心的洞。

这就需要父母降级养育，全情投入地陪伴孩子，用对待两三岁小宝宝的方式养育自己的孩子。如果孩子婴幼儿时期的心理需求被满足了，他们的心智就会回归到实际年龄。内心有力量了，自然也就开始与人分享了。

很多孩子的问题，可以用降级养育来解决，这是我从十多年的家庭教育指导中总结出来的一个方法。

什么是"降级养育"？

孩子成长中出现退行、能力发展不足、心智发展受阻等问题，大多源自婴幼儿时期不合理的养育方式。如果能够及时弥补这种方式带来的心理缺失，问题就会迎刃而解。这就需要用降级养育的方法，忽视孩子的实际年龄，只根据孩子当下的心理需求，给予情感、行为上的满足，也就是把孩子的年龄"降级"，把家长的养育方法"降级"，去弥补孩子在婴幼时期的某种缺失。当一个孩子心理上得到了充分满足，创伤得到修复时，他就会回归实际年龄该有的行为方式。

举例说明：

- 一个 3 岁的孩子突然要用奶瓶喝水，这可能跟他最近上幼儿园压力大、家里生二孩等方面有关。家长要做的是不要取笑，而是尽量满足孩子用奶瓶喝水的要求，用对待一两岁宝宝的方式回应孩子。日常关注孩子的点滴进步，让孩子感受成长带来的成就感即可。
- 上小学三年级的孩子还会把同学的东西"偷偷"带回家。这可能跟孩子两三岁时没有建立好物权的概念相关，只需要跟孩子讨论一些关于谁的东西谁说了算、怎样的情况下才可以拿别人的东西的小规则，孩子就会减少这样的行为。还有些孩子会因为想得到更多关注，而继续拿别人的东西。这种情况，就要修复亲子关系了。

- 一个 6 岁的孩子突然开始尿裤子，可能跟焦虑、恐惧有关。在确认生理上没有问题后，要像引导两三岁的小宝宝大小便那样引导他。要耐心一些，不要指责和嘲笑，关注孩子的情感需求，减少压力源。

- 一个上二年级的孩子，上课坐不住、不听讲、无法跟同学相处，可能跟幼儿时秩序敏感期发展受阻有关。可以先去医院做一个综合检查，在排除多动症、自闭症等原因后，可降级养育。先观察孩子的秩序，再用对两三岁孩子的养育方式来引导孩子了解规则、适应规则。这方面请参考本书的第三章。

降级养育的意义：

父母在养育孩子的过程中，几乎不可避免地会出现一些情感上的忽视、敏感期的错误引导等，这些都会对孩子的人格发展造成一定的影响。但这并不意味着孩子的一生就定型了，大量的科学研究已经证实，人类的大脑是可塑的，养育环境的改变、成长经验的积累、刻意练习等，都会改变和提升大脑功能，只是花费的时间和精力要比孩子在婴幼儿时期多很多。即使进入老年阶段，也可以通过学习和练习掌握全新的技能。著名画家摩西奶奶 76 岁才开始尝试绘画。在此之前，她从未接受过正规的艺术训练，却在 80 岁时举办了个人画展，绘画作品也获得了很多奖项。

所以，当孩子遇到压力和挫折时，或者当孩子错过了某个重要的敏感期时，只要父母可以降级养育，允许和接纳孩子的退行，给予情感上的回应和满足，孩子的缺失和创伤就会得到修复。在那之后，他们会发展出自我突破的能力，义无反顾地绽放生命力。

为什么有些人因童年创伤蹉跎一生，而有些人却实现了人生逆袭，活得潇洒自在？同样是老年人，有些在不断学习怎样使用智能手机，跟上时代的步伐；有些却思想固化，拒绝一切新鲜事物。最大的区别就在于他们是否愿意学习和成长。所以，父母给予孩子最好的礼物之一就是爱。爱会点燃孩子对生活的热情、对世界的好奇、对生命的期待，爱的种子一旦种下，就会支撑孩子的一生，让孩子有能力爱自己、爱家人、爱世界。

利用好榜样的力量，让孩子更爱主动分享

孩子从小就喜欢模仿别人的行为，所以父母、身边的小伙伴，以及绘本上、动画片里等出现分享行为时，都是孩子学习的榜样。

但许多父母发现，孩子更多地会模仿一些不好的行为，而不是分享这样的好行为。这是怎么回事呢？

一是因为不好的行为容易引发大人的关注，这会驱使孩子

不断挑战和试探大人的底线；二是因为好的行为经常会被大人要求坚持下去，有种"被控制"的感觉，这会强化孩子的逆反心理，总想反着来。

所以，想让榜样发挥作用，就要减少说教和控制。

先来做个测试，以下两种说法，哪个会让孩子不自觉地模仿榜样的行为？

说法 1

你看这个小哥哥，总是主动分享自己的玩具，他一定很招人喜欢，也有许多好朋友，你要向他学习哦。

说法 2

这个小哥哥是把自己的玩具拿出来，跟小朋友们一起玩。看来，他是个爱分享的孩子，我想他会有许多好朋友。

第一种说法，看似在引导，但"你看"和"你要向他学习"这样的口吻，就是典型地在向孩子灌输自己的想法。这属于说教，会引起孩子的心理防御，要么左耳朵进，右耳朵出，要么故意不按你说的来。

如果你的孩子曾经说过类似"又来了"这样的话，那就说明你经常不自觉地说教，引起了孩子的反感。这样的亲子沟通其实是无效沟通，这也是你已经告诉过孩子很多次了，但他还是不去做的原因。

第二种说法带给孩子的感受就完全不同，既不灌输，也不控制，这样的表达方式就容易让孩子听到心里去，并且会不自觉地模仿分享的行为。

我来详细拆解这段话，以帮助你更好地理解。

首先，开头是不带情感的陈述事实，这不会引起孩子的心理防御，孩子会认真地听你在说什么。

其次，用"看来他是个爱分享的孩子"这样的说法来强化分享是一种好的品格。所有孩子都希望自己是美好的，所以在听到这样的说法时，会更加向往自己也能成为一个"爱分享的孩子"，不自觉地把"分享"内化到自己的行为习惯中。

最后，那句"我想他会有许多好朋友"是许多父母需要学会的一种沟通技巧。"你看"和"我想"带给孩子的感受是完全不同的。前者是"我要求你怎样想"，后者是表达自己的想法，完全没有控制孩子思想的意思。孩子在被充分尊重后，会更倾向于选择对自己成长有好处的行为，也就是模仿小哥哥分享的行为。

真实情境，让孩子体验分享带来的乐趣

在公园的游乐区，最受小朋友欢迎的除了滑梯，就是秋千了。如果你的孩子坐在秋千上很久不肯下来，而旁边又有孩子

一直在等着。这个时候，你就可以借机让孩子感受分享的乐趣。我们可以分三步来引导，让孩子思考是否要分享。

第一步：共情。

"宝贝，秋千好玩吗？我看到你笑得很开心。"

第二步：同理心。

"你玩了这么长时间，旁边这个小朋友一直在等着。如果现在等待的是你，你会有怎样的心情呢？"

第三步：行为引导。

"如果你愿意，可以把秋千让给这个小朋友玩一会儿，大家轮流玩好吗？这样，小朋友也会很开心。"

把选择权交到孩子手里，如果孩子愿意让出秋千，我们可以让孩子观察一下玩到秋千的小朋友的表情，然后问一下孩子分享以后的感受。人是社会性动物，在 3 岁以后会对外部世界感兴趣，与人交往是一种心理需求。当孩子发现自己的分享可以让别人产生愉快的体验时，他们会更爱分享。

同样，当孩子意识到一直等待的小朋友可能心里很着急，甚至很失落时，他们也会愿意主动让出秋千或玩具。这样的分享不会让孩子有匮乏感，反而会滋养孩子的内心，让他们觉得自己很重要、很有爱，喜欢与人交往。

如果在你引导以后，孩子一直不肯让出秋千，也不要为了自己的面子而责备孩子不懂事。

我们可以做出进一步的引导，问孩子："秋千是谁的？"

孩子会说："是公园的。但先到先得，我先玩的。"

我们可以继续问："没错，秋千是公园的，所以每个小朋友都可以玩。你先来的，所以你先玩。但如果你一直在秋千上不肯下来，其他小朋友就玩不到了。这怎么办呢？"

孩子会说："我还没玩够啊。"

我们再问："那大家轮流玩，好不好？你来定一下，是每个人一分钟，还是两分钟？"

孩子可能会说："两分钟吧。"

然后，我们就要协助孩子维护这个规则，并告诉孩子，他的这一举动为大家带来了欢乐。

如果你的孩子是那种不听商量，执意"霸占"的类型，那就要在下次玩之前，提前约定规则，并做好情绪处理的准备。还要在日常养育中，改善你们的亲子关系和沟通方式。

第八章

竞合意识：
激发孩子的潜力

先说两个例子。

场景一

两位妈妈带着自己的孩子在游乐场的钓鱼区玩，其中一位妈妈说："看姐姐多厉害，钓到这么多小鱼。你要向姐姐学习，专心一点儿，别东张西望的。"小女孩看了妈妈一眼，没说话，随手一推，就把姐姐的鱼桶推倒了，塑料小鱼撒了一地。

她妈妈看到这一幕，直接吼道："你怎么回事？快向姐姐道歉！"

类似的场景其实并不少见，你是否也喜欢拿"别人家的孩子"给自家孩子当榜样呢？看似在培养孩子的上进心，实则限制了孩子的格局。他们在成长中最在意的不是自己有多好、能实现什么样的目标，而是只要比"他"好一点，就可以心安理得了。试想一下，你自己的童年，对于父母口中"别人家的孩子"是怎样一种态度？你会主动向对方学习，还是会偷偷地"告状"，告诉父母那个"别人家的孩子"今天上课被老师点名了？

例子中的两个孩子在一起钓鱼，难道她们自己不能发现彼此的差距吗？对于小一些的孩子来说，自己已经很努力了，还是无法超越姐姐。此时，妈妈的一句"向姐姐学习"，就像是在否定她的一切努力，她内心自然会充满委屈。

如果妈妈能看到女儿的努力，并换一种规则，比如，"你们要不要挑战在 3 分钟之内钓到 15 条小鱼？如果达到目标，就可以奖励一起去沙池再玩一会儿"。

共同的目标，会引导和激励孩子放下此前的冲突，并体会到合作的好处。

场景二

过年时，我带尧尧去亲戚家拜年，他们家有两个男孩，一个 3 岁，一个 5 岁。大人们坐着喝茶的工夫，5 岁的男孩从玩具箱里翻出一辆小汽车给尧尧玩。大人们就表扬这个 5 岁的孩子真懂事、有礼貌。3 岁的孩子看到后，也翻找出一个玩具来，自然也得到了大人们的一番表扬。

接下来，两个孩子就开始争相翻找玩具，想得到比对方更多的表扬。客厅瞬间就被玩具占领，地上、沙发上、桌子上都是玩具，场面十分混乱。这时，两个孩子的爸爸发火了，让他们把玩具全收到玩具箱里，不然全部扔掉。结果是，没有一个孩子肯去收。

这时，我对尧尧说："你来帮忙收一下玩具好吗？"

尧尧不情愿地回了一句："好吧。"

我又对着其他两个孩子说："有人愿意帮尧尧哥哥一起收玩具吗？"

那两个孩子异口同声地说："我愿意！"

接下来，三个孩子快速地把所有玩具收回了玩具箱。5岁的那个男孩还跑到我的面前说："报告！我们已经全部收完了。"

上面的两个例子，在我们生活中太常见了。我们可以得出什么规律呢？

我们看到，竞争是孩子的天性，可以激发孩子的潜力，但当场面失控时，我们可以让孩子采用合作的方式来解决眼前的危机。

共同的目标会将孩子们绑在一起，把他们的注意力从暗自较劲转移到全力以赴地完成目标上。而这种小小的合作也会让孩子体验到竞合带来的力量与支持。这样的孩子在未来更容易融入集体，进入社会后也更懂得与人合作，拥有实现双赢的大局观。

懂合作的孩子，更有创造力

在做企业管理时，我会不定期地安排公司团建活动，其中的一次活动让我印象特别深刻。活动的规则是用抽签的形式将原来的部门人员打乱，重新进行分组，而部门负责人不可以再担任新组的组长，要从普通职员中选择一个人做组长。

新选出来的组长中有一个属于公司骨干员工，他平时的工作能力非常强，属于"万能型"选手。大家都非常看好他所带领的团队，最终的结果却是他所带领的小组成绩排在最后一名。原因是他只跟大家强调全力以赴、共同努力的精神，却忽视了团队合作的核心竞争力是分工合作。所以，在比赛中，他的团队就像热锅上的蚂蚁，慌乱无序。

想充分发挥团队的力量，就要"先分后合"。"分"是根据每个人的特点进行合理、清晰的分工，让每个人知道自己该干什么，避免了瞎忙导致的效率低下。但人无完人，每个人都有自己的长处和短板，所以需要通过"合"的方式取长补短，最大限度地发挥团队的力量。

输掉比赛的这位小组长虽然个人能力很强，却缺少合作意识，在平时的工作中只关注自己的业绩，忽视了其他部门平时给予的配合。当自己成为管理者时，团队就被带成了一盘散沙。而这也限制了他的职业发展，如果不提升、不改变，他很难有更大的发展空间。

这个小组长的童年，或许就像许多孩子一样，从小被圈在家中学习各种技能，只做好父母布置的任务就可以了，其他事务不需要他操心，也不允许他参与。他缺少跟别人互动、合作的经验，也不懂得团队合作的意义。在今天，这样的孩子不在少数。当他们大学毕业，进入职场后，才发现自己只会考试，其他能力都非常欠缺。所以，在找工作时，他们除了学历，没有更多可以与人竞争的优势，大学生毕业后找不到工作的现象越来越普遍。

家长在抱怨社会的同时，为什么不反思一下：如果你是公司的老板，会选择一个善于考试、听话懂事的好学生，还是选择一个头脑灵活、懂得与人合作的创造型人才呢？

团队意识可不是成年人的专利，四五岁的孩子就已经有了类似的思维方式。比如，为了让游戏更好玩，他们会进行简单的分工，谁负责召集人、谁负责提供材料、谁负责监督等。而当规则不公平时，也会有孩子提出质疑。为了能继续愉快地玩耍，他们还必须商讨解决方案。在与其他孩子的互动中，主动合作的思维方式就发展出来了。单纯靠读书或者父母的说教，这种思维方式是很难被孩子的大脑"吸收"并外显到行为上的。

社会的发展离不竞争，更离不开团队的合作。竞争可以最大限度地激发出人的潜力和创造力，而合作可以弥补和突破个体的局限性，实现更大的目标。

每个人都曾参与过一场激烈的竞争，并且在大约三亿个参赛选手中赢得了冠军，而这个冠军必须与另一位同伴紧密合作，成为受精卵，才能来到这个世界上。**所以，生命从一开始就是在竞争与合作中诞生的。**

在成长的过程中，孩子也在每时每刻都与自己、与同伴竞争。比如，今天的自己比昨天的自己掌握了更多的技能，这次的成绩超过了同桌，等等。而自己擅长什么，在哪个领域更有优势，也是通过与别人的对比中得来的。竞争似乎是我们的天性，不用教就会。

而合作对于孩子来说就有些难度了，因为合作的前提是，要有一个共同的目标，而且大家愿意合作，这可不是一个人就能决定的。一个不懂得与人合作的孩子，在未来社会的竞争中就会处处受挫，因为一个人的力量是有限的，就算是顶尖的科研人员、企业家，想为世界做出杰出的贡献，也是需要有团队共同努力的。想拥有更广阔的舞台，就必须学会与人合作。**所以，我们既要鼓励孩子积极地参与竞争，又要培养孩子的合作精神，让孩子在竞争中自我突破，在合作中自我实现。**

竞合意识形成的原因

虽然每个孩子都会经历一个"输不起"的阶段，但随着年龄的增长，不同的孩子会对竞争表现出不同的态度。有的孩子好胜心特别强，喜欢竞争。哪怕只是一个小游戏，他们都想跟别人一分高下。有的孩子对竞争毫无兴趣，从不主动参加任何竞技类的比赛。如果不是老师或家长要求，他们会非常安逸地只做自己感兴趣的事。

孩子在竞争态度上的差异化，到底是受什么影响呢？主要受两个因素的影响：一是自身生理激素水平；二是养育环境。

第一个因素：自身生理激素水平

从生理层面来看，一个人爱不爱竞争、喜不喜欢冒险，是由睾酮素的分泌水平决定的。睾酮素是一种雄性激素，男女都会分泌，只是女人分泌的量比男人要少许多。睾酮可以让人在竞争中更专注、更理智，发挥出最大潜力，在与队友的配合中也会表现出更积极、无私的合作精神。有研究显示，如果一个人的睾酮水平低，他就很难进入兴奋状态，所以睾酮也被称为"竞争激素"。但这并不是说孩子的睾酮水平低，就不善于竞争。有科学家研究发现，生理因素只能解释 40% ～ 60% 的竞争力，后天教育和文化传统同样起着重要的作用。

第二个因素：养育环境

前文提到过生命从一开始就是在竞争与合作中诞生的，而人们出生后，受内在生命力的驱使，受周围环境的影响，逐渐发展出独立的人格。弗洛伊德将人格的发展分为五个阶段，分别是口欲期、肛欲期、性器期、潜伏期、生殖期，每个阶段对竞争与合作的发展都有着不同的影响。

第一个阶段：口欲期。

0～1岁，孩子通过养育人及时的回应和满足来建立内心的安全感，安全感影响孩子对世界的感受，也就是外面的世界是否安全、是否足够好、是否值得信任。

第二个阶段：肛欲期。

1～3岁，孩子通过研究和控制自己的大小便来锻炼自己的力量，发展出自主感和自控力。

如果口欲期和肛欲期这两个阶段的基础打好了，孩子就会有足够的勇气和力量去竞争，并尝试与人合作。也就是说，口欲期和肛欲期是竞争欲与合作发展的地基。

第三个阶段：性器期。

3～6岁，这一阶段也被称为"俄狄浦斯期"，孩子开始在家庭中发展他们的竞争意识。他们非常在意游戏的输赢，还会表现出对同性父母的敌意，男孩会说要娶自己的妈妈，女孩会说要嫁给自己的爸爸。如果是多孩家庭，孩子们之间也会表现出强烈的竞争意识，总想证明自己比其他孩子好。

这个阶段的竞争发展，既需要鼓励，又需要控制。如果发展得好，孩子就会将竞争转化为动力，积极地看待输和赢。

一方面，要让孩子知道，父母之间的关系是亲密并牢固的，夫妻关系大于亲子关系。这虽然会让孩子感受到挫败，但同时他们也会因此感受到家庭的稳定和安全，安心地把竞争力对外发展。

另一方面，同性父母在孩子面前表现出的优秀品质，也会让孩子从忌妒转变为崇拜，想成为或者超越自己的同性父母，这份竞争就得以控制和转化了。

第四个阶段：潜伏期。

6～12岁，孩子进入小学阶段，从刚开始的男生和女生一起玩，慢慢地变成大多数时候是跟同性同学一起玩。潜伏期被看作一个准备期，这个阶段发展的是同性合作意识，为后面的生殖期做准备。但如果前三个阶段没有得到较好的发展，潜伏期也会暴露出许多问题，提醒父母要对养育方式做出调整。

第五个阶段：生殖期。

12～20岁，孩子的第二性征开始发育，脱离了儿童的身份，生理和心理开始向成年靠近，为以后的社会竞争做准备。

在了解了孩子竞争与合作发展的底层逻辑以后，我们就可以有方向、有目标地在日常生活中培养孩子的相关能力了。睾酮水平的高低是天生的，这是我们无法改变的，而人格发展的各阶段，是跟养育息息相关的。如果前面的内容对你来说有点儿枯燥或者难以理解，接下来的内容就比较通俗易懂了。在后文中，我会分享具体如何做才能更好地帮助孩子发展出竞争与合作的能力。

如何培养孩子的竞合能力

从输赢游戏中，学会良性竞争

前面讲述人格发展阶段时提到过"俄狄浦斯期"，这个阶段的孩子开始在家庭中发展他们的竞争意识，而且这个阶段的孩子也进入了社交敏感期，开始对外发展友情。一个输不起的孩子会主动逃避与小伙伴之间的竞争类游戏，同时也会因为竞争中的得失心太重而影响社交关系的建立。

既然竞争无法避免，那我们就要教孩子如何正确地面对输赢。

每个孩子都会经历一个"输不起"的阶段，这并不是孩子的心胸狭窄，而是因为他们无法调节好输赢带来的情绪落差，也不懂得平衡好自己的得失心。1岁以内的婴儿感觉自己无所不能，是神一样的存在，这在心理学上叫"全能自恋"。之后，随着各种能力的提升，他们从"全能自恋"转向"健康自

恋"。这种自恋是生命的原动力之一，为了维护自恋，就需要不断学习和成长，让自己变得更强大。

孩子赢的时候会感觉自己很了不起，自己是好的、是值得被爱的。这充分地满足了孩子的自恋，有一种"得到"的荣耀感。而孩子输的时候会产生习得性无助，感觉自己不够优秀，自己是坏的、是不值得被爱的，自恋也会受损，有一种"失去"的挫败感。

当孩子进行竞争游戏时，会在这两种感受中来回切换，巨大的反差让孩子的情绪失控，自恋受损，出现"输不起"的状态。所以，想让孩子输得起，就要增加他们体验输赢的机会，并帮助他们建立成长型思维，从赢中获得自信，从输中总结经验。

如何让孩子走出这种"输不起"的状态呢？我有三个建议。

第一个建议：帮助孩子理解自己的"输不起"

你是否会在孩子输的时候，鼓励他说："输赢很正常的，输了没关系，我们继续加油。"或者反激他说："有什么好哭的！输了就要认，输不起就别玩了。"没猜错的话，这两招都不太好使，孩子并没有变得更有韧性，反而越来越输不起。

这是因为他沉浸在挫败感中，不知道怎样面对"输"这件事。我们不要急于控制孩子对"输"的态度，要允许他有情绪、允许他逃避，给他时间来消化和理解这件事。

当孩子输不起时，先共情：

- "爸爸（妈妈）也不是总能成功，爸爸（妈妈）也输过，我知道这种感觉不好。来，爸爸（妈妈）抱抱你。"
- "你很认真，也很努力，但还是输了，是不是有些难过呀？"

让孩子知道自己的这种感觉是正常的，是被理解和允许的，无须羞耻，也不用逃避。父母的理解对孩子来说是非常重要的，会提升孩子自我接纳的水平。一个能够接纳自己不完美、不优秀、会输给别人的孩子，才能从容面对输赢，才能"输得起"。

除此之外，父母也要注意平时观看比赛时的语言和态度。你是教导孩子正确认知输赢的第一位老师，如果你在看球赛时，因为输了一球就对球员破口大骂，孩子就会认为输是一件很丢脸、很可怕的事，在自己参与比赛时也会战战兢兢，无法发挥出自己的真实水平，更无法用发展的眼光看待输赢。

第二个建议：分享自己输的经验，引导孩子建立成长型思维

家庭是孩子适应外部环境的"练习场"，一个"输不起"的孩子，需要多跟父母玩竞争类游戏。先在"练习场"中感受输赢，总结经验，有了一定的韧性后，再跟小伙伴一争高下。

父母在跟孩子玩竞争类游戏的过程中，要把握好节奏，不能让孩子一直赢，这会让他过于自大；也不能让孩子一直输，这会打击他的竞争欲。孩子大多会有这样的想法：如果这次输

了，我就是一个永远的输家；这次做不好，就永远也做不好；我输了，就代表我这个人很差劲；等等。对于孩子这些负面、极端的想法，讲道理是没有用的，只能让他在游戏中亲身体验到输和赢并非一成不变，短暂的胜利或失败并不能代表一个人的价值，他的得失心才会减轻。

最好的节奏大概是玩三次，让孩子赢两次，输一次。这既可以牵引着孩子一直玩下去，又能够让孩子逐渐意识到，没有人可以一直赢，也没有人会一直输，一次输赢不能代表永远。

孩子赢两次，也就意味着父母要输两次。父母一定要利用好这两次输的机会，用行动来告诉孩子，输的时候可以怎么做。**但这里有个很重要的细节，就是一定不能让孩子觉得父母跟他是一样的，也是"输不起"的人。**如果父母输的时候充满自信地说："再来一次，我才不怕输呢。"就会让孩子感觉大人跟自己不同，大人输的时候没有自己那么难受，大人很厉害，所以不怕输。这样的认知对孩子的成长起不到榜样作用。

那要怎么做呢？很简单，先想一想，孩子输的时候，是什么反应。父母只要模仿孩子"输不起"的样子，然后把他没说出来的感受用语言表达出来，孩子就可以在父母的身上看到自己的影子。当孩子发现父母也跟自己一样"输不起"的时候，就会主动安慰、鼓励父母，并不自觉地模仿父母接下来的行为。

拿我跟尧尧玩斗兽棋的经历来说吧。在我输的时候，我表现得很失落、很郁闷，把脸拉得很长，然后喃喃自语："欸？

我明明已经很小心了，怎么会输了呢？唉！气死我了，没意思，我不想玩了。"这其实是在展示我输的时候的那种状态。

尧尧看到我生气了，赶忙过来安慰我："妈妈，你差一点儿就赢了。我们再玩一次吧，就一次，说不定你就赢了。"

我呢，一边点头，一边故作沉思状，然后盯着棋盘说："我的鼠本来是看着你的象的，但只顾着攻你老巢了，你趁我不注意把它给吃了。嗯！是我太急了，进攻前应该仔细观察一下，再走这一步。你很善于把握机会，每走一步都认真观察，所以赢了我。那行吧。我们再来一次，我这次一定要像你一样，认真观察全局，我肯定赢你。"

这话可不是随便说的，这里面含有三个关键点。

> （1）我表达了输时的心情，让孩子感觉我们是"同类"，让他产生共鸣。这样，接下来的沟通就在同一个频道了，我的所作所为很容易影响到孩子。
>
> （2）我用行动告诉孩子，输的时候，最重要的是做复盘，想想自己为什么会输、输在哪里。这对于小孩子来说确实比较难，但这就像帮他们找一个新思维的路径，总有一天他们会打通，形成自己的复盘思维。
>
> （3）研究一下对手的优势在哪里，为什么会赢，是否有可以借鉴的地方，这样才能把"输"的经历转化为"经验"，为以后的"赢"储备能力。

在连输两局，做了两轮复盘以后，我再演示"王者归来"的反败为胜。孩子就知道，我可不是靠运气赢他的，而是靠脑子，他会逐渐从我身上学会这样的思维方式。

同样，在孩子输的时候，我们也不能说"没关系""再试试""怕什么""又不会少块肉"之类的风凉话，而是理解他的气馁，跟他一起复盘，找出输的原因，鼓励他再次尝试。这样，孩子就可以安心地在游戏中不断体验成功、感受失败、积累经验，不再逃避"输赢"问题了。

当然，帮孩子建立"输得起"和"如何赢"的思维习惯是一个长期的过程，需要父母耐心引导。当孩子要参加一些比赛或者竞技类活动的时候，我们要引导孩子关注和享受过程，而不是只盯着比赛结果。我们可以跟孩子说："我看到了你为参加这次比赛做出的努力，这个努力的过程是很重要的。如果赢了，是你应得的；如果输了，也没有遗憾。你的任务就是尽全力把这件事做好，因为你的目标是不断超越自己，你要赢的那个人其实是昨天的自己。"

第三个建议：放下自己的得失心，给予孩子放弃的权利

如果孩子输了，就不肯再玩了，该怎么办呢？

如果前面两条建议，你都做到了，孩子在输的时候依然选择不玩，那就请放下你的得失心，尊重孩子的选择。对孩子来说，从"知道"到"做到"，还有很长的路要走，他需要时间来消化这件事，放弃是他给自己的一条退路。等挫败感过去，

对自己的信心恢复了，他会再次回到竞争类游戏中，与你一决胜负。

想想看，孩子最初尝试翻身、练习爬、学着走的时候，经历过多少次失败、摔疼过多少次，他们放弃了吗？没有。他们可不是喜欢放弃的人，生命的内驱力是非常强大的。所以，从梳理情绪到复盘总结，从鼓励尝试到允许放弃，都是在把自主权还给孩子，激发出他们的内驱力，让他们发展出从容面对输赢的心理能力。如果在孩子内心力量不足时，硬逼着他们回到游戏中，会让他们对竞争产生抵触心理，内驱力也无法被激活。

允许孩子放弃，也是帮助孩子建立情绪防火墙的一种方式，避免这件事对孩子产生更负面的影响。

《尼布尔的祈祷文》中有一段被称为 20 世纪最著名的祈祷文：上帝请赐予我平静，去接受我无法改变的；给予我勇气，去改变我能改变的；赐我智慧，分辨这两者的区别。

竞争是一种天性，带给孩子自我突破的力量；逃避也是一种天性，带给孩子自我保护和创新的变通能力。孩子需要发展出在这两者之间权衡的能力。在这个世界上，没有哪个选择是绝对正确的，所以最重要的是做出决策后，用什么样的态度去走未来的路。童年时拥有坚持与放弃的自主权，体验过坚持与放弃带来的不同感受的孩子，一旦做出选择，既会有勇于挑战、坚持到底的毅力，也会有敢于放弃、另辟蹊径的智慧，这才是真正的竞争力。

允许孩子不是第一名，避免焦虑型抑郁症

一个上小学的孩子，期末考试考了全班第二名，却伤心地大哭起来。老师询问后才知道，他是担心自己的父母不满意。虽然他的父母口中常说成绩并不是最重要的，但仍让他参加大量补习班，以确保他的各科成绩都能拿到第一名。每逢假期，这个孩子的时间都会被各种补习班填满。所以，当成绩跌落到班级第二名时，他便开始紧张，觉得是自己学得不够好，自己的错误导致了名次的下滑，于是废寝忘食地学习，想拼命追回第一名。后来，这个孩子得了焦虑型抑郁症，不得不休学。

如果父母能够坦然地面对孩子成绩的下滑，允许孩子不去争做第一名，接纳孩子的不完美，在孩子面前没有表现出那么强烈的得失心，结果可能完全不同。

对于孩子来说，父母就像定海神针，不管海面的风暴有多大，只要有父母的支持，海底深处就是平稳、宁静的。当你把坚持还是放弃的决定权给予孩子时，他们就成了自己命运的主人，驾驭着自己生命的航船，乘风破浪，迎难而上！

制造家庭合作的机会

6岁以前，孩子的学习主要来自"吸收性心智"，尤其是0～3岁时，这种能力最为强大。他们就像海绵一样，主动、轻松地吸收周围的环境信息。父母跟自己的互动方式、父母之间的相处模式、其他孩子之间的玩耍嬉戏等，都会被孩子看在眼里，作为学习和模仿的对象。等自己去交朋友时，孩子会把吸收到的这些元素融入自己的社交中。所以，父母跟孩子之间的互动模式决定了孩子对外社交中的合作意识。

> **名词解释**
> **吸收性心智**
> 　　蒙台梭利博士提出0～6岁孩子的心智如同海绵，能够不费吹灰之力吸收环境中的所有信息。吸收性心智，用现代科学的语言解释就是"大脑可塑性"。

前文讲社交发展阶段时提到过，孩子大概到 4 岁半以后才进入合作游戏阶段，也就是有共同的目标，并且有简单的分工。但并不是说到了这个年龄段，孩子就一定具备与人合作的能力，父母需要为孩子提供适合的"阳光"和"水分"，他们的合作意识才会"发芽"。如果 6 岁以前，孩子缺少与人合作的经验，6 ~ 12 岁的潜伏期（弗洛伊德人格发展五个阶段中的第四个阶段），他们就会表现出以自我为中心，缺少集体归属感，团体活动中过于计较个人得失，看待问题的视角过于狭隘，在同学中也容易受到排挤。

想让孩子学会与人合作，首先要改变亲子之间的互动模式。大脑是有可塑性的，即使孩子已经超过 6 岁了，也不要过于担心，只要父母主动做出改变，孩子就会像海绵一样吸收全新的环境元素，逐步发展出合作意识。

怎样互动，让孩子建立合作意识

如何跟孩子互动呢？要让孩子成为亲子陪伴中的主角，父母放松、专注、内心有爱地为孩子提供一个探索的空间，启发孩子思考和尝试，允许孩子试错、"踩坑"，给予孩子信任和支持，让孩子在亲子互动中感受合作带来的丰富体验。

这样说可能有点儿抽象，我们来聊一聊具体应该怎样操作。

合理放手，耐心等待，创造家庭合作的机会

你是否有过以下行为：

- 孩子可以自己吃饭了，但总会弄到身上，你干脆直接喂他吃，这样又快又省心；
- 孩子在尝试自己穿裤子，来回穿了很久也没穿上，于是你两三下帮孩子穿好；
- 孩子想把橡皮泥揉成一个圆球，搓了很久还是个长条，于是你直接帮孩子两三下搓好；
- 孩子开学包书皮，难免会有气泡或者包边太大的情况出现，你直接拿过来，十几分钟搞定所有书皮，包得干净整洁，没有一个气泡。

以上这些过度包办的养育方式，都在向孩子传达一个信息，就是他太差劲了，离开大人什么也做不好。这会让孩子变得很黏人，一味地寻求父母的帮助，而不是对外尝试与同龄人合作。

如果你觉得孩子太小，什么也做不好，还经常帮倒忙，干脆自己直接代劳，把孩子能做却做不好的事抢过来自己做，这就会让孩子形成一种认知：

我很弱小，什么也做不好，也不需要做什么，只要等着大人去做就可以。

久而久之，孩子就形成了以自我为中心的性格特点，缺少与人合作的意识。

父母需要合理放手，给孩子成长的时间和反复尝试的机会，在他们主动寻求帮助时施以援手。

还拿前面的例子来说：

- 1 ～ 1 岁半就可以让孩子自己吃饭了。他们会表现出对食物浓厚的兴趣，吃饭的时候会出现抓、捏、搓等行为。这可不是故意惹你生气，他们是在满足自己食物敏感期的探索需求，为以后养成一口菜一口饭、软硬结合的吃饭习惯做准备。

  所以，前期的"脏"几乎无法避免，你要为宝宝准备好独立的小餐盘，确保餐桌和他的小手是干净的。帮宝宝穿上吃饭专用的小罩衣，允许他充分研究食物，支持他自己想办法把食物吃到嘴里去。当然，吃鱼时，你还是要出面帮他处理一下的，可以告诉宝宝，"这个有刺，我帮你把刺挑出来"，然后他再自己吃，这也算是一次"家庭小合作"。

- 孩子开始尝试自己穿裤子了，这对他来说可不是一件容易的事。你可以陪伴在他身边，专注地看着他穿，满足孩子的安全感需求，让他安心地"研究"裤子。你也可以用启发的方式，带他找找哪个洞是裤子的"入口"。如果孩子因为穿不上急哭了，你就可以先安抚他的情

绪，并告诉他你看到他的认真和努力了。等他平静一些
了，再问他是要你帮他一起穿，还是他自己再试试。

你可别小看这个过程，这是把合作的主动权交到孩子手
上。当他选择寻求大人的帮助时，可以和孩子一起合作
把裤子穿好。这都属于"家庭小合作"。

- 孩子用橡皮泥搓揉一个圆球，但总是搓成长条，这是因
  为他手的能力还没开发出来。他会观察你是怎么做的，
  通过镜像神经元的模仿功能，先模仿你的动作，但还是
  会将橡皮泥搓成长条。这个时候，一定不要替孩子做，
  你要强化孩子的小进步，告诉他已经揉得越来越圆了，
  小手配合得越来越好了。只要孩子不放弃，一定要允许
  他自己做完。即使做成了"四不像"，也没有关系，告
  诉孩子这是他自己完成的作品，很宝贵。帮他保留好，
  一段时间后，可以再做一个，把之前的拿出来做对比，
  让他看到自己的成长。

  如果孩子很有挫败感，要求你帮他揉成圆球，你一定要
  积极协助他，并告诉他这对小孩子来说确实有点儿难，
  但相信他总有一天能学会。然后强调最终的作品是你们
  一起合作完成的，让孩子又体验了一次"家庭小合作"。

- 新学期的书发下来啦，孩子兴冲冲地开始包书皮，但不
  管多认真，都会包得惨不忍睹。这个时候，你不要直
  接帮孩子把书包好，最好的方式是带孩子一起来做这件
  事。你可以先找一本不用的书，让孩子试着包一下。在
  这个过程中，可以和孩子一起研究一下包书皮的流程，

找出最难的环节，然后跟孩子分工，一起来完成包书皮的任务。

比如，我带尧尧包书皮，他上一年级时，我让他负责在大、中、小三个不同尺寸的书皮中找到最适合的，然后在我包的过程中，他要负责用尺子刮气泡；二年级时，我让他给我分配任务，我来配合他；三年级的时候，他就自己包书皮了。这也是一次"家庭小合作"带给孩子的成长体验。

在"家庭小合作"中，一定要让孩子成为主角。在不触及安全的情况下，鼓励孩子勇敢尝试，自己能干的，就让他自己干；遇到问题了，父母也不要急于直接代劳，先问问孩子遇到了什么困难，让孩子自己思考，他需要父母帮什么忙。在这种逆向思维中，孩子会逐渐发展出合作意识以及领导力。

倾听孩子的想法和感受，培养沟通力

黑色的向日葵

一个小女孩特别喜欢画向日葵，但不知道为什么，突然有一天，她把向日葵的花瓣涂成了黑色。

最初，妈妈没有太在意，但接下来的一周，女孩画的向日葵都是黑色的。这期间，妈妈还特意上网搜了好多向日葵的图片给孩子看，希望孩子能主动改回黄色花瓣，但小女孩还是继续画黑色的向日葵。

妈妈很紧张，担心孩子是不是心理上出了什么问题。

我让这位妈妈回忆了一下，最近有没有发生过什么特别的事情让孩子产生了较大压力。这位妈妈天天跟孩子在一起，所以非常确定没有发生什么特别的事情。

我又问她："孩子是怎样解读自己的画的？"

妈妈表示孩子没说过，自己也没敢问，怕孩子多想。我鼓励她放宽心，用好奇的心态跟孩子聊一聊，坦诚地告诉孩子自己见过的向日葵花瓣是黄色的，问问孩子画的向日葵有什么特别之处。

结果，孩子的答案出乎我们所有人的意料。她说："夏天到了，外面很晒，所以向日葵被晒黑了。"

你看，因为父母不敢跟孩子沟通，一个细心观察、拥有创造力的孩子差点儿被当成"问题儿童"来看待。

别瞎猜了，主动和孩子沟通吧

许多家长总觉得孩子什么也不懂，问了也没用。当发现孩子有些异常时，家长宁可自己瞎猜，也不愿意跟孩子沟通。有些夫妻也存在无法沟通的情况：平时有说有笑，真有心事的时候反而闭口不言；明明是自己不懂得表达需求，心里还埋怨对方不懂自己。而另一方或许已经感觉到有些不对劲了，但因为对方拒绝沟通，自己又不知道怎样"破冰"。久而久之，两个人的心里就有了隔阂，婚姻的幸福度也随之下降。

孩子在家庭中都没有一个良好的沟通环境，在外面跟小伙伴产生误会或者矛盾时，又如何通过沟通来解决呢？沟通是与人合作必不可少的一项技能，不管是童年一起玩水枪大战时共同制定"战略"，还是成年后团队更高效协作的分工问题，都需要沟通。尤其是当大家的意见不统一时，沟通的能力就更为重要了。

一个缺少沟通力的孩子，成年后，在职业发展中也会处处受挫。想想看：参加面试、汇报工作、推销产品、问题解答、团队协作、处理投诉等，哪个不需要沟通力？未来是人工智能的时代，简单的沟通或许可以由机器人来做，但更为复杂的，与情绪、情感相关的，与道德伦理相关的，与规则修改相关的沟通还是需要人的参与。所以，在人与机器的岗位竞争中，沟通力是绝对的竞争力。

或许你会说，以前也尝试问过孩子的想法和感受，但孩子总说不知道，所以后来就不再问了。孩子说不知道，并不是他真的什么都不懂，而是因为你日常陪伴时的沟通模式有问题，孩子不懂得如何把自己的想法表达出来。**一个不善于表达的孩子背后，一定缺少一对倾听的耳朵**。所以，需要改变的是父母跟孩子的沟通方式，而不是不再跟孩子沟通。

双向沟通原则一：鼓励孩子积极表达

在亲子陪伴中，怎样做才能让孩子拥有善于表达、积极沟通的能力呢？

对于 0～2 岁的婴幼儿，我们可以这样引导孩子积极表达：

- 说话时尽量看着宝宝的眼睛，多跟宝宝对视；
- 语速要慢，说话内容尽量简单易懂；
- 多说一些跟宝宝相关或者正在发生的事情，比如"宝宝，我给你换裤裤哦"；
- 可以用宝宝语，重复常用的词语，比如喝水水、拉尿尿、吃饭饭；
- 当宝宝发出咿咿呀呀的声音时，父母可以模仿并重复宝宝的话语。

对于 2～12 岁的孩子，要与孩子进行双向沟通。首先要注意的就是，少纠正、少打断、少否定。

从牙牙学语到吃力地蹦出一个字、一个词，再到完整地说出一句话，每一次突破，都需要孩子反复尝试，付出大量的努力。在他们的心里，是有小小的自卑的，因为不管他们多努力，都没有办法像大人那样轻松、准确、清晰地表达自己的想法。

但强大的生命力让孩子想被看到、被关注，想说出自己的想法，所以尽管他们对自己的语言表达不自信，还是会跟自己最信任的父母说许多的话。甚至有个阶段，他们的嘴巴不是在吃东西，就是在说话，没有安静的时候。

如果你的孩子越长大，话反而越少，有什么事情不愿意主动跟你沟通，你说话的时候他也没有回应，只是听着，你就要考虑自己是否经常有以下行为：

- 孩子咬字不清楚的时候，不断地纠正他；
- 孩子说话啰里啰唆，半天没重点的时候，直接打断他或者替他说；
- 孩子说了不合时宜的话时，严厉地批评、指责他。

以上这些，看似在引导孩子更好地表达，实则都是在打击孩子跟你沟通的积极性。试想一个场景，你跟领导或者客户沟通的时候，你每说一句话，对方都给予以上三种反馈——纠正、打断、批评，你会不会有巨大的心理压力？如果工作中再次有问题需要沟通的时候，你是否会用拖延来逃避？

成年人尚且如此，更何况一个孩子。

所以，我们要给予孩子说话的勇气和意愿，不要急于纠正或打断他的表达，更不要严厉地批评孩子。这会让他对说话这件事产生习得性无助，感觉自己很糟糕，从而逐渐减少说话的频率，自我压制表达的欲望。

你可能有这样的顾虑：当孩子咬字不清、用词不当的时候，如果不纠正他，他会不会一辈子都这样呢？

关于这一点，你大可放心。前文中多次提到一个词——"镜像神经元"，它的功能是反映他人的行为，使人们学会从简单模仿到更复杂的模仿。比如，孩子说"起糖"，我们可以这样回应："嗯，好的，起床，我们现在起床吧。"既鼓励孩子积极表达，让他感觉自己说的话很有用，又让孩子听到了父母是怎样咬字发音的，帮助他进行自我纠正。

另外，我说的是"少纠正"，而不是不纠正。当孩子用词不当或者说了不合时宜的话时，我们需要提醒一下他，告诉他这句话的意思，以及这样说话会给别人带来的感受，然后让他对自己的语言进行不断地优化并建立分寸感。

语言的分寸感是需要孩子不断摸索来建立的，没有人天生就知道在什么场合说什么话。如果父母总是用严厉责备或吼骂的方式告诉孩子他说了不该说的话，很可能导致孩子因为害怕犯错而选择闭口不言。当孩子出现不敢上台讲话、上课不敢举手、被老师误解不肯解释等情况时，你应该先反思一下日常跟孩子说话的情境。

双向沟通原则二："听见"孩子

　　成年人的世界总有太多的事情等着做，这就使得专注倾听孩子讲话变成了一件很奢侈的事，因为这对我们来说费心又费力。而孩子一旦学会说话，小嘴巴就很难停下来，所以我们不得不用"哦""棒棒的""真好"去应付孩子。

　　那孩子呢？总觉得没人在意自己的想法，没有人可以跟自己产生情感联结，经常感受不到自己存在的价值，所以会不自觉地"刷存在感"，想引起大人的注意。

　　于是就形成这样的恶性循环：大人总觉得孩子特别黏人，用许多"套路"应付孩子；而孩子总担心大人不在意自己，"发明"了许多"状况"来求关注。这正是许多家庭在育儿中的盲点：父母觉得自己已经尽力了，明明一直在回应孩子，但孩子还是不满足；而孩子也很委屈，自己的想法总是不被父母在意，他们似乎听到了自己说话，但又好像从未听到。

　　尧尧9岁那年拿到了区级魔方速拧大赛的第一名，正巧那天奶奶来我们家。当他兴高采烈地描述比赛过程时，奶奶一直在积极回应"真棒"之类的话。

尧尧突然停止了讲话，沉思了几秒后说："奶奶，我每次说什么的时候，你只想表扬自己的孙子，根本不在意我到底说了什么。"

的确，尧尧正在描述自己比赛中遇到的一个小坎儿，告诉我们比赛并不顺利。每位选手都有两次机会，他第一次还原的成绩是 37 秒，在一百多位选手中排名倒数。奶奶却说："哇，37 秒啊，我孙子真厉害！"看似奶奶回应了孩子，但她其实是沉浸在自己的世界中，按自己认为最好的方式回应孩子，并没有给予孩子需要的回应。也就是只负责"给予"，却没有"给到"，这也很难跟孩子建立深层联结。

你可能觉得这很离谱，但当我提示许多家长反思自己平时是怎么回应孩子，都说了哪些话的时候，得到的答案却几乎是惊人地相似。大家的方向大致就是两个：一个是像案例中的奶奶那样盲目地鼓励和附和；另一个是经常对孩子讲道理式的说教。所以，在成年人的眼里，孩子平时说的话大多是不重要的，但自己跟孩子说的话是很重要的，孩子必须认真听。这就是形成"单向说教模式"的主要原因。

如果我们在心里给孩子贴上了"什么都不懂"的标签，认定他说的话没什么意义，孩子无论有多优秀，有多么丰富的学识、多么生动的想象力，我们也只会认为他"什么都不懂"。

许多孩子在读完优秀的儿童文学作品后，只记住了是个什么故事，对于故事背后的隐喻完全不知道。因为他们从小就缺少一对倾听的耳朵，没有人在乎他们的想法，更没有人愿意跟他们讨论一些深入的话题。比如，世界为什么存在，人活着的意义，以及人和世界有着怎样的关系。

你可能觉得我在说笑，这些哲学类的话题成年人都搞不懂，怎么可能跟一个小孩子去谈呢？其实刚刚那几个话题，是每个孩子从 3 岁开始就会思考的问题，只是他们没有办法用语言准确地表达出来而已。

积极倾听非常简单，只要你肯放下自己的功利心，不急于应付或者说教，走进孩子的世界，听他们说话，你就会发现，他们的世界很特别、很精彩、很有趣。而被倾听时，孩子也会感觉自己的观点和思想是被世界喜欢的，他们会敢于表达更多的内心想法。**想持续输出，必然要有输入，所以探索世界的热情会因此被点燃，读书、学习的兴趣也会萌发出来**。如果你每次听孩子说话的时候都会犯困，那只能说明你童年跟父母的情感联结是断开的，你内心缺少童趣，那么借着这次养育一个生命的机会，唤醒内心的童趣与爱吧。

在这里分享几个小妙招，帮助不懂得倾听，或者感觉自己的表达能力有限，不知道如何更好地回应孩子的家长。

- 停下手中正在做的事情，是专注倾听的前提条件。
- 如果条件不允许，没办法停下来，就告诉孩子，你非常想听他说这件事，但现在正在做某件事情，做完以后再听他讲。

- 告诉孩子等待的这段时间可以做些什么，让孩子有事可做，否则孩子会因为无聊而不断地过来打断你。

- 倾听的时候，你要蹲下来，跟孩子保持同一个高度，身体前倾，看着孩子的眼睛。孩子从你专注的目光中，能够感受到自己很重要。

- 及时回应孩子说的话。如果你不知道怎么回应，可以重复孩子说的话，并加上对他情绪的解读。比如："噢，刚刚看到小狗了。然后呢？噢，它很喜欢你啊，你一定很开心吧。"简单的几句话，就可以帮孩子梳理清楚他要讲的事，他以后的语言表达会更有条理。

其实并不是要求你每时每刻都积极倾听，孩子说的每一句

话都必须做出积极倾听的样子，并有效回应。这对许多家长来说确实是有难度的，但在孩子成长的过程中，确实有一些时刻是需要被积极倾听的，有一些话语是需要得到有效回应的，**这样孩子语言的世界就会有光透进来，他们的内心就会被照亮，他们也会有力量对世界发出更多的声音。**

双向沟通原则三：真正的双向交流

朋友跟我吐槽她的儿子"听不懂人话"。

这是他们的对话：

"不要碰这个电表箱知道吗？电是很危险的，如果你不小心碰到的话，就会触电的……记住了吗？也不要扳动电闸，就算不触电，家里也会忽然跳闸，然后所有电器都会停止工作，甚至可能会坏掉……上次，你爸爸直接把电闸关了又开、开了又关，结果冰箱坏了！欸，你听到了吗？"

"听到啦！"

"那你为什么还在玩电表箱呢？"

"……"

她告诉我，这已经不是第一次了。平时不管跟孩子说什么，他都好像听不懂一样，一边嘴上说着"知道了"，一边任意妄为。

电影《白日梦想家》里的主人公经常在跟别人说话时走神，看似在听对方说话，思绪却早已飞到了"外太空"。虽然电影里的情节演绎得有些夸张，但在现实生活中，当你单方面向孩子说教时，他们的注意力就会跟电影中的主人公一样，早已心猿意马。或许听到了你在说什么，但根本不会去思考你说的话，最终的结果往往是他左耳朵进，右耳朵出。而这种习惯还会影响到孩子的听课质量，因为他们在听老师讲课时也会习惯性神游。

亲子沟通应该是双向的，当你长时间跟孩子说一些你认为很重要的道理、知识、经验时，效果往往并不理想。比如，"学习是为了将来有更多选择""要主动吃学习的苦，将来才不会被动吃生活的苦"，孩子会机械地记住你说的话，但很难把这些道理内化到心里，更不太可能外显到行为上。

所以，有些孩子"打打鸡血"，就会很积极地学习，但这种状态最多能维持一周左右，一周后又回到老样子。你的说教并没有帮他们真正发展出内驱力，而是用讲道理的方式对孩子进行"精神控制"。

别再说教了

到底怎样算说教，怎样算双向沟通呢？其实没有明确的标准，但根据我的经验，大多数喜欢说教的家长会存在以下问题。你占其中任意两条，就有说教的成分了，你可以对号入座。

- 总想把自己知道的都告诉孩子，总担心他吃亏，总觉得他什么也不懂。
- 跟孩子说话时，至少 15 分钟，孩子没有说过话，只有听的份儿。
- 经常会说一些重复的话，总觉得孩子没做到，就是没记住。
- 总是按照自己的标准来要求孩子，很少问孩子的看法和想法。
- 不允许孩子出现跟自己不同的声音，总想用自己的一套思维逻辑来说服孩子。

你可能想问我：孩子做错事的时候，难道不可以说吗？

当然可以，但如果你希望你们的沟通能达到以下几点：

第一，你说的话孩子真的能听进去，并且会对他的行为产生正面影响；

第二，孩子有什么问题时，会主动向你求助，找你商量；

第三，被他人误解时，孩子懂得为自己辩解。

那么，就一定要做到双向交流。只有沟通中有来有往，孩子的大脑才会参与思考。他既不会神游，也不会形成闭口不言、委屈自己的思维习惯。

那些既能认真倾听别人讲话，又敢于发表不同见解，还允许他人有不同意见的人，大多具备领导者潜力，在未来的职业发展中更具竞争力。想让孩子拥有这样的领导力，就在孩子童年时给予他们在家庭中跟父母平等对话的权利和勇气吧。

从现在开始，和孩子双向交流

如何实现跟孩子的双向交流呢？以下是一些日常方法，建议你记录下来并用起来。

- 既然是双向的，那就是双方都有说话的权利。不用权威压制孩子，允许不同意见的存在。
- 当你想告诉孩子一个知识点或者一些经验时，一定要先问他是否知道，或者是怎么看待某个问题的。这会引发孩子的思考，你接下来告诉他的观点对他就很有影响力。
- 孩子多次出现某个行为问题时，反问孩子应该怎么解决，比你直接告诉他解决的方法要有效得多。
- 沟通应在彼此相对冷静的情况下进行，不用情绪说话，包括不大吼大叫、不说反话、不嘲笑、不挖苦、不说伤害感情的话。如果你和孩子都很激动，就暂停沟通。
- 沟通完，记得表达自己的感恩。感谢孩子对你的信任，谢谢他分享了某个自己的小秘密，谢谢他表达了自己的真实感受和想法。这会鼓励孩子以后主动找你沟通。

小铭从小就喜欢很大声地跟别人讲话，不管是在家里还是去公共场所。妈妈告诉过他无数次别这么大声，会吵到别人，小铭总会忘记，妈妈只好不断地提醒他。现在，小铭已经上小学一年级了，还是改不掉这个坏习惯。道理他都懂，就是行为上管不住自己。

妈妈学习了上述沟通技巧后，只做了一次沟通，就帮小铭改掉了这个坏习惯，他还会经常提醒班级里的同学注意说话的音量。

相信许多家长都遇到过类似的情况，父母的嘴都要磨得起茧子了，道理也已经被孩子背得滚瓜烂熟了，但孩子就是改不了。接下来，我就用上面双向交流的方式来演示一下正确的沟通方式。

首先，妈妈选择在周末，小铭感觉轻松愉快的时候进行沟通。接下来，就是采用双向交流的沟通方式进行交流。

> 妈妈："小铭，今天下午想去图书馆吗？"
>
> 小铭："想啊，我已经看完上次借的那套书的第一辑了，想去换第二辑。"
>
> 妈妈："那你记得去图书馆有什么要注意的吗？"
>
> 小铭："不能吃零食。"
>
> 妈妈："嗯，很好，还有呢？"
>
> 小铭："翻书要小心，不能把书撕坏了。"
>
> 妈妈："嗯，没错。还有呢？"
>
> 小铭："还有啊？没了吧？"

（这是许多孩子会存在的问题，他们经常不知道大人在意的是什么。但也正是这种一问一答的对话，妈妈不断给出正面肯定的回应，可以充分调动起孩子大脑思考的积极性。）

> 妈妈："图书馆是干什么的地方？"
>
> 小铭："当然是看书的地方了。"
>
> 妈妈："嗯，很好。看书的时候，如果有人在旁边唱歌，你会开心吗？"
>
> 小铭："当然不开心啊，我会告诉管理员阿姨。"
>
> 妈妈："嗯，很好。你对规则非常清楚。那如果有一个小朋友在旁边大叫，会不会影响到你？"

（这是在"启动"孩子的同理心，当孩子开始考虑他人的感受时，就会更主动地对自己的行为进行调整。）

> 小铭："噢，我懂了，我说话的声音要小点儿。"
>
> 妈妈："为什么要小点儿声呢？"
>
> 小铭："会打扰别人。"
>
> 妈妈："如果要喝水怎么办？声音小了，妈妈可能听不到啊？"
>
> 小铭："呃……对啊，这怎么办？"
>
> 妈妈："嗯，这个问题很重要，我们要一起想想办法啊。"

（不给答案，耐心地引导孩子想办法。他想出来的办法，自然也会更容易遵守。）

小铭："那我不喝水可以吗？"

妈妈："会渴啊，会伤害身体啊，健康很重要。"

小铭："那你按时给我送水杯来吧？"

妈妈："我也要看我的书啊，而且我不知道你什么时候会渴。"

小铭："啊！我想到了，我可以去找妈妈，然后小声地说我要喝水，这样就不用大声喊了。"

妈妈："真是个好办法，你是怎么想到的？太了不起了！"

小铭："我找不到我想看的书时，也可以小声地去问管理员阿姨，这样也不会影响到其他小朋友了。"

妈妈："嗯，我就知道你会想出办法，而且懂得为他人考虑。咱们吃完午饭就出发。"

在这个过程中，妈妈没有像以前那样长时间说教，而是耐心地引导孩子自己发现问题，寻找解决方案。不可以做什么、为什么不可以、应该怎么做已经讲过无数次了，孩子却很难做到。想让孩子从知道到做到，就要让他的大脑对这件事情进行认真思考，让他自己去寻找解决方案。人都有自恋的一面，自己说出的话、想出的办法，会更积极地去执行，这在心理学上叫"自我实现的预言"。

当然，孩子毕竟是孩子，经常会得意忘形，回归到之前的行为习惯。所以，我们要用"阳性强化法"帮孩子保持住好的行为习惯。当孩子做对的时候，我们要给予及时肯定；当孩子做错的时候，我们忽视或者提醒一下就可以了。千万不要用"你怎么又忘了""我就知道你还会这样"之类的话批评孩子，这是在强化他"做不到"的力量，让孩子感到气馁，放弃自我约束。

改变一个行为习惯，至少要给孩子30天的正面强化，60天的巩固期。大概90天以后，孩子的好行为习惯就养成了。

减少孩子对电子产品的依赖

随着人工智能时代的到来，越来越多的电子产品开始越俎代庖地帮父母"带孩子"，甚至有很多商家发明了这样的广告语："自从给孩子买了这个某某机，宝宝再也不黏我了，终于实现了轻松带娃。"每每看到这样的广告，再看看这些产品巨大的销量，我都会觉得特别无奈。有那么多的父母上交了高昂的"智商税"却不自知。

还有的家长，为了自己带娃省心，干脆把手机丢给孩子刷视频、看动画片、玩游戏，孩子一玩就是一整天。家长是"省心"了，电子产品也的确能带给孩子愉快的体验，但它根本无法取代父母的陪伴。试想一下，孩子成长中必不可少的心理需求，机器人可以给予吗？

- 它们可以跟孩子玩打闹游戏吗？
- 可以跟孩子进行眼神交流吗？
- 可以抚摸、拥抱孩子吗？

- 可以观察、发现孩子的心理需求吗？
- 可以给予孩子情感交流、情绪安抚吗？
- 可以跟孩子玩过家家、躲猫猫等游戏吗？
- 可以在孩子吃饭时，跟他讨论今天饭菜的味道吗？
- 可以带孩子游山玩水，看遍祖国的大好河山吗？

一个缺少跟真人互动体验的孩子，在跟别人合作时，会处处受挫，因为机器人的言行是有规律的、受孩子掌控的，但人是灵活多变的，有情感、有个性，且完全不受孩子掌控。这样的孩子与人交往会变得越来越难，与人合作更是难上加难。所以，越来越多的孩子沉浸在电子产品提供的即时满足中，逐渐形成了一种"病态"的情感依赖。只要醒着，不管在看书，还是在拼插玩具，必须有电子设备发出声音，因为一旦安静下来，他们的内心就会有巨大的空虚感。这就是缺少父母陪伴的孩子不得不面对的困境，他们的内心没有住下一个爱自己的人，内心缺少归属感和自我价值感，经常感受到恐惧和无聊，哪儿来的力量发展内驱力呢？

所谓的"不用父母管，自己就长大并且成为学霸"的孩子，大多有"空心病"，再优秀也不得不承受内心巨大"黑洞"的吞噬与折磨。

与人建立的情感联结，会给孩子带来充实、美好、满足感，会让孩子对生命充满热爱、对大自然充满热情、对世界充满期待。

而对电子产品形成的"病态"情感依赖，会带给孩子空虚感和匮乏感，会让孩子内心变得冷漠，对任何事物提不起兴趣，只想追求快速、廉价的即时满足。

在现实生活中，你是否看到过地铁上许多孩子人手一机，在打游戏？

在小区楼下，是否总有一小堆孩子聚在一起不玩打闹游戏，却在一起玩手机？

在同学聚会时，你是否看到大家围坐在一起，各看各的手机？

逢年过节大团圆时，你是否会机不离手，眼睛总忍不住看几眼手机屏幕？

请问，到底是我们在使用电子产品，还是电子产品在控制我们？

当然，不可否认的是，电子产品的确改变了我们的生活方式，也为我们提供了许多生活上的便利。比如，一个人带孩子的妈妈要去做饭时，允许孩子听一会儿故事，或者看一会儿动画片，的确可以缓解孩子的焦虑感。所以，不是不可以接触电子产品，故事机、智能音箱、手机、电脑、机器人等都可以使用，但一定不要依赖这些电子产品，更不要真的以为它们能帮父母带娃，取代父母的陪伴和养育。

那些因为沉迷游戏而无法自拔的孩子会因为父母不让玩手机、电脑，而在家中砸东西，或者干脆选择离家出走，甚至做出跳楼等极端行为。不是因为游戏真的就那么好玩，而是因为他们一旦停下来，回归现实世界，就会被巨大的空虚感和无力感吞噬。这种痛苦伴随着恐惧，压得孩子喘不过气来，不得不再次逃离到游戏中，用短暂、廉价的快乐来麻痹自己。

根据脑科学的研究，长期玩网络游戏的儿童，大脑中纹状体部分的多巴胺转运蛋白浓度明显降低，大脑只能习惯在游戏状态下分泌大量的多巴胺。一旦习惯了这种模式，现实生活中的一切对这个孩子的吸引力就大大减少了，他只有在玩游戏时才能感觉到快乐。除此之外，大脑中处理情绪的区域也会受到损伤，他对情感的控制能力会下降，缺乏耐心，容易冲动，并且难以集中注意力。最终会导致他在学习、社交、与家人相处中处处受挫，然后逃离一切，躲避进游戏中。又因为长时间玩游戏，导致各方面的能力严重缺失，面对学习、人际关系等，会产生更大的无力感，只能再次逃回游戏中……形成一种恶性循环。

其实，孩子都喜欢玩游戏，但为什么有些孩子会上瘾，有些孩子却不会呢？区别就在于，在现实生活中，有没有能带给孩子幸福感、成就感的事情。如果一个孩子从小在高质量陪伴中成长，能感受到父母无条件的爱与支持，他就有能力伸展自己的生命力，并且对更多事物产生兴趣，比如看书、运动、绘画、手工等。而丰富的兴趣爱好会让他从多种途径中获得快乐和成就感。即使接触网络游戏，他也有自己的"抵抗力"，不会沉迷其中。

但有些孩子从小的养育环境就有严重的情感忽视，也就是

"缺爱"。他们非但没有感受过无条件的爱和支持，还要承受父母的责骂和嫌弃。这样的孩子内心极度空虚，自尊感很低，生命力也无法得到伸展。如果在现实生活中，没有能给他们的生命带来一丝光的人，他们就很容易对网络游戏上瘾，因为对他们来说，这是唯一可以获得快乐和成就感的方式。

所以，父母千万不要小看自己给予孩子的陪伴，这会增加他们对电子产品的"抵抗力"。而这种"抵抗力"不仅会保护孩子的童年，还会在孩子成年后，踏入社会时，拥有更好的自控能力，他们会用电子产品解压、社交、分享、学习，但不会让电子产品成为自己的精神依赖，因为他们有梦想要去实现，有家人要去陪伴，有更多新鲜事物等着他们去尝试。

但如果你的孩子对电子产品的使用已经产生依赖，那么一定要引起重视：多跟孩子做一些有趣的事，增加他们在现实生活中的幸福感；多关注孩子的点滴进步，增强他们的自我效能感；多说一些表达爱和信任的话，提升他们的自尊感。

增加孩子在现实生活中的幸福感

大多数父母都希望能给予孩子充足的爱，让他们拥有幸福的人生，但往往不知道怎样用孩子感受得到的方式来表达爱。确切地说，你只负责给，却忽视了他们是否接收得到。尤其是在"内卷"严重的今天，许多父母的陪伴中带着强烈的功利心。孩子更多感受到的是压力，而不是轻松愉快的体验。

不妨在孩子睡前，认真地问他一个问题："你今天过得幸福吗？"看看孩子给你怎样的答案。

如果孩子的答案是"不幸福"，而你认为自己已经给了孩子一切，不明白他为什么觉得自己不幸福，那么接下来的内容一定会带给你一些启发。

- 亲子打闹游戏，是最容易让孩子感受到爱和快乐的方式。在确保孩子安全的情况下，多跟孩子用玩具枪、木剑等玩"对战"游戏，比如用枕头对战、摔跤、抢同一个板凳等游戏。不论男孩还是女孩，这类游戏都适合。

这项游戏既能把孩子的攻击性转化为生命力，又可以增加他的敏捷度和身体自控力，还会让孩子感受到父母全情的陪伴与爱。

- 带孩子多接触大自然，一起登山、露营，一起去抱一棵树、一起捡树叶，一起听鸟叫声、闻大自然的气息，一起看星星、观日出，等等。这些事看起来平淡无奇，却会帮助孩子提升大脑中血清素的水平。快乐因子多巴胺带来的是短暂而刺激的快感，血清素带来的更多的是幸福感、满足感、充实感，可以唤醒孩子对生命的热情，让孩子活在当下的幸福中。

- 陪孩子读绘本，跟孩子讨论故事中人物的感受、想法，一起模仿各种奇葩、有趣的表情，想象如果自己是故事中的某个人物，会怎么做、怎么想，等等。让孩子感受到父母很在意他的想法，而当父母分享自己的观点时，也会带给孩子一些启发和触动，增进彼此的了解。绘本可不是小孩子的专利，大人在陪孩子读绘本时，如果肯放下功利心，同样会获得内心的滋养，而且绘本可以很好地缓冲两代人理念上的矛盾。在故事的讨论中将两代人的心联结到一起，这会带给孩子很好的归属感。

- 因为孩子犯错，你就忍不住对他发火，那是你的情绪管理能力需要提升，所以你冷静下来以后，记得告诉孩子，刚刚是你没管好自己的情绪，不是不再爱他。即使他犯了错，你依然是爱他的，并且会和他一起面对问题。童年时期心里住下一个无条件信任并支持自己的人，这对孩子来说，是人生巨大的幸福。当他成年后，面对巨大的压力或者失败时，会拥有重新站起来的勇气和力量，而不是躲进游戏的虚拟世界自我麻痹。

- 睡前拥抱、亲吻孩子，对他说"我爱你"；轻轻按揉孩子的后背、胳膊和腿，唤醒孩子对爱的感觉；不管是你去上班，还是孩子去上学，都要正面告别，给孩子一份稳定的安全感。他对你的信任会发展成对世界的信任，而这份信任会带给孩子更高的格局和体验幸福的能力。

增强孩子的自我效能感

从牙牙学语到蹒跚学步，每当孩子习得一项新技能时，我们都会为之惊叹，而孩子也会产生自我效能感："我相信我可以凭自己的努力做很多事情，我相信我可以掌握更多新的本领，我愿意尝试体验更多新鲜的事物，我乐于接受更多的挑战。"

拥有自我效能感的孩子，对未知的领域是不畏惧的。

但随着孩子掌握的技能越来越多，我们却开始把注意力放到了孩子的"无能"上，总在关注他们的缺点，提出各种疑问。孩子的自我效能感慢慢被磨掉了，这也会影响孩子逆商的发展。他们遇到困难往往选择逃避，而不是迎难而上。

自我效能感是需要孩子不断看到自己的小成就，积累从"不行"到"我行"的成长经验，并感受到自己是有可能做到的，然后积极去尝试。这些小成就和成长经验需要父母在日常生活中，帮助孩子体验到。

- 制定一些小目标，让孩子经常体验达成目标的成就感，这会提升孩子的自我效能感。当然，这些小目标必须是明确的、合理的，在孩子的"最近发展区"内，是踮踮脚就能够得着的。

  比如，孩子刚开始学跳绳时，只能勉强连跳两下，目标可以是，确保每次都能连跳两下或者连跳三下，而不是连跳十下或者成为班级跳绳冠军。因为如果目标定得太大，孩子失败的概率会很高。一个总是完不成目标的孩子，就会对自己的能力产生习惯性否定。面对问题时，孩子也会更多地选择用逃避的方式来应对。

名词解释

最近发展区

　　个体独立活动时所能达到的解决问题的水平与通过教学所能获得的潜力之间的差距区域。简单点说，就是孩子现有水平和稍微努力一下就可以达到的水平之间的部分。

- 关注孩子的点滴成长，强化他的小进步。比如，当孩子开始尝试说一整句话时，往往条理混乱、词不达意，这个时候，你一定要先肯定孩子用语言表达想法这个行为习惯，然后再用正确的语句跟孩子确认。比如，孩子说"狗狗、找、不、狗狗"，你可以回应："咦，宝宝已经开始说一整句话了。你是想告诉我，找不到小狗狗了，对吗？"孩子就在你的一次次确认中，掌握了正确的语言逻辑。

- 关注孩子的努力过程，比如孩子搭积木小房子，每次搭到房顶时都会倒下来，然后就发脾气说不玩了。你要先关注孩子前面认真搭了那么久的成果，然后肯定他一次次尝试的韧劲儿，并提醒他几个月前刚开始玩积木时，他连两层都搭不起来，经过他的努力已经能搭到第四层了。让孩子看到自己的努力和进步，他就会有信心解决眼前的难题。

- 当孩子想放弃时，别急于否定他，要先用成功的经验唤醒他对自己的期待。比如，孩子怎么也学不会新的舞蹈动作，想放弃，你可以先让他把以前学会的跳几遍，并提醒他，刚开始学习时，经常浑身疼痛，还受过伤，但他还是咬牙坚持，这次的困难确实不小，但他已经不是第一次通过努力来自我突破了，所以给自己一些时间和耐心。他可能会短暂放弃一下，他只是在调节自己内心的负面情绪，给他时间，他一定会继续尝试。

- 关注孩子的积极面，当孩子作业写得非常潦草时，可以从他写的字里硬找出一个字来，强化这个字写得还挺好看。过几天，找出两个字。再过几天，找出三个字。就这样不断强化他比之前有进步了，让孩子从应付转为自我期待。当然，你表扬的态度一定要真诚，比如"这个字的比例真好""这个字的宝盖头写得很大气"等。

- 亲子共读一些关于挫折教育的绘本故事，跟孩子讨论人物的情绪感受。当孩子不自觉地投入其中，把自己当成主人公时，故事对他来说就是一次又一次演习。这会帮助孩子重拾信心，激活孩子的自我效能感。

提升孩子的自尊感

前文提到过，一个自尊感低、内心缺爱的孩子，很容易对电子产品上瘾，远离人际关系，逃避与外界产生联系。那到底怎样提升孩子的自尊感呢？

许多人认为，只要自己足够优秀，就可以为自己赢得自尊感。其实，这是一种误区，因为优秀只能带给你短暂的优越感，而不是自尊感。不管你多么优秀，终究还是会有缺点，会有做不到的事，会有不如别人的地方，而这些随时都会触发你内心的自卑感。所以，想提升孩子的自尊感：首先，要让孩子学会自我接纳，减少内耗，专注在有意义的事情上；其次，要培养孩子的成长型思维。

- 当孩子犯错时，一定不要急着批评或惩罚他。这会破坏他的自尊感，出现破罐子破摔的情况。犯错往往是由于他某项能力不足而导致的，所以我们需要帮孩子弄清楚他错在哪里、怎样去补救、以后应该怎么做，以及如何预防。这不是在纵容孩子的错误行为，而是在保护他的自尊心，培养他成为一个有责任心、敢于担当、积极面对问题的人。

- 减少无效表扬。比如"你真棒""你真好""你真聪明"等，这是一种评价，会让孩子更在意别人对自己的看法，降低他的自尊感。而有效的表扬是关注细节和过程，比如，"刚刚在台上，你忘词的时候，我看到你有些紧张，但你能快速调整好，接着往下说，真是太有勇气了"。这样的表扬会引导孩子不单纯只看结果，而是更多地关注自己努力的过程，接纳不完美，培养成长型思维。

- 父母要允许和接纳孩子的不完美，适度放手，给他成长的时间。比如，孩子自己挤牙膏经常会弄到地上或衣服上，如果父母直接拿过来快速挤好，孩子就会认为自己一无是处，只能依赖"无所不能"的父母。又如，某个知识点，孩子总是搞不懂，父母大讲一通，然后来一句"这样还不懂，我是没辙了"，那孩子就会觉得自己很笨，从而对学习充满无力感。当一个孩子干什么都要依赖父母时，他是没有办法体验到自尊感的。所以，最好的方式是鼓励他再试试。他弄不好也没关系，父母可以跟他一起研究题目，并确认这个题目大人也觉得有点儿难，把做到了、搞懂了的机会留给孩子。

- 帮孩子建立多个自尊支撑点，让它们互相"助力"。如果一个孩子只是一味地追求成绩好，那么一旦成绩下滑或者考砸了，他就会承受巨大的心理压力，甚至开始怀疑自己存在的价值，出现抑郁等问题。如果虽然这个孩子的成绩不好，但是他有其他的优点，父母就可以帮助他从其他地方获得自尊感，使孩子对自己仍有期待，从而理智地看待成绩的起起伏伏，找到学习中存在的问题，逐一击破。

自尊感与是否优秀无关，与是否能自我接纳有关。当我们帮助孩子学会接纳自己的好与不好时，他便能够在往后的日子里有应对"风浪"的底气。

培养孩子的创造力

在小区楼下经常会看到这样的场景：一些孩子在玩扮家家的游戏，有人当公主，有人当卫兵，有人当丫鬟。这时，新来的孩子想加入游戏。如果她提出要当公主，那一定会被拒绝，因为已经有人当公主了，而且这个角色是大家都想要的，怎么也轮不到一个新来的孩子。如果是一个有合作意识的孩子，就会主动思考他们还缺少什么样的角色，比如厨娘，用树叶、小石子给公主做"美食"。这增加了游戏的趣味性，这个孩子就可以轻松地融入小团体中。而这种先观察，再创新的思维方式，正是告别"内卷"、打破僵局、开创蓝海、促进未来社会发展的稀缺资源。具有创造力，是人才的重要标志。

创造力不只是天马行空的想象力，还要将丰富的想象落实到行动中，去实践，并想办法实现。拥有创造力的孩子，父母大多有这几项特质。

- 允许孩子有自己的想法。我们跟孩子在年龄、认知水平、感受力、兴趣点、成长环境等方面都存在着差异，孩子不是我们的复制品，他有自己独特的思想和视角。也正是这种差异化推动着社会的不断创新和进步，也让这个世界变得更丰富。

- 倾听孩子表达感受。许多时候，我们会不自觉地用自己的感受取代孩子的感受，比如有一种"冷"叫"我妈觉得我冷"，这会剥夺孩子的情绪感知力，切断孩子创作的灵感。

- 给予孩子自由探索的权利。一群小蚂蚁、一个小石子、一片落叶，都有可能引起孩子的好奇，自由探索会点燃孩子对世界的热情、对知识的渴望，为创造力提供源源不断的"燃料"。

- 给孩子提供自由创作的机会。拼插积木、橡皮泥、剪贴纸、颜料磁力片等，都需要孩子观察、想象，然后动手组合，创造出各种有趣的东西。我们要做的就是欣赏作品，鼓励他积极创作，积攒经验。

- 引导孩子发现并解决问题。比如，买了新的绘本，让孩子放到绘本架上，他发现绘本架已经满了，该怎么办？家里来了一位小客人，看到什么都要拿，下次再有小朋友来，他就会提前担心自己心爱的玩具被弄坏，该怎么避免？这些看似都是生活中的小事，却可以培养孩子主动发现并解决问题的能力。

- 陪孩子读科普、历史书时，提出一些容易引发孩子想象和推理的问题。比如，看到交通工具从马车到汽车，再到飞机、高铁的发展后，问问孩子 50 年后的汽车可能会是什么样的。

记得有一次，尧尧的美术老师布置了一个作业，是随意创作一幅画，没有标题，也没有任何要求。尧尧决定画四幅小图，分别代表四季的风景。刚画完其中一座山，他就跑过来兴奋地跟我说："妈妈，我决定画一幅抽象画，用四种不同的颜色来表示季节。"

我微笑着回应："嗯，很有创意，那你想好用什么颜色了吗？"

尧尧回答："春天用绿色，夏天用橙色，秋天用灰色，冬天用蓝色。"

听完尧尧的配色，我脱口而出："秋天怎么会是灰色呢？你看看窗外，是灰色吗？"

尧尧瞬间不自信了，说："那秋天应该是什么颜色？其他季节的颜色对吗？"

听到他这样问，我立刻意识到自己犯了一个全天下父母都容易犯的错：入侵孩子的作品。老师都没有任何要求，给了孩子很大的创作空间，而我却在追求"正确的配色"，忽视了孩子给季节配的颜色来自他的感知的观察。

我马上向孩子道歉："妈妈不该干涉你的创作，按你的想法来吧。"

尧尧很认真地看着我说："秋天到底是什么颜色？你跟我说说嘛，我还没画到秋天，可以改成正确的。"

听到尧尧这样说，我知道他心里已经否定自己的想法了。这就是权威的力量，大人总是想对孩子提出建议，追求更完美的结果，却无意中压制了孩子创新和表达的勇气。

最终，尧尧选择了黄色来迎合"金秋"的说法。我请求尧尧把这幅画送给我，我以此来提醒自己，错失了一个与众不同的灰色秋天，不要再错过其他的独特风景。

为了避免你也犯相同的错误，我来演示一下正确的回应方式。

> **允许孩子有不同的想法：**"你用颜色来表示四季的变化，很有创意，配色也很用心啊！你是根据什么选择颜色的？能说说你的想法吗？"
>
> **倾听孩子表达感受：**"秋天为什么是灰色？灰色对你来说代表着什么？"
>
> **提供孩子自由创作的机会：**"你打算画什么？用什么来画？"

这样的回应没有否定和质疑，只有尊重和欣赏。孩子的选择背后一定有他自己的独特视角，我们只有善于倾听，才能走进孩子那个充满童趣、五彩斑斓的世界。

　　前文提到过父母如何合理放手，为孩子营造家庭合作的氛围。然后又讲了帮孩子培养竞争与合作需要的基础能力。接下来，就到实操环节了，也就是孩子开始社交后，如何培养他主动与人合作的意识。

掌握社交规则背后的底层逻辑

孩子在社交中经常会遇到一些"不可调和"的矛盾，比如大家都想当第一，都想独占一个秋千，都想让别人听自己的，等等。而这些"不可调和"的矛盾，大多可以通过合作的方式来解决，比如商讨出排队、交换、轮流等规则，让大家不用争抢，安心等待。这些规则也会让游戏更有趣，让孩子们的体验更丰富。

父母不要急于教给孩子一大堆规则，这种空谈不会帮孩子更好地理解并遵守规则。最好的方法是带孩子到一些可以玩耍的游乐区，父母陪伴在身旁。当孩子遇到一些"小难题"的时候，父母再出面引导孩子。

网上曾有一个视频引发了大家的讨论：一个七八岁的男孩，一直在荡秋千，旁边一位奶奶领着三四岁的小孙子焦急地等待着。男孩一直不肯下来，等待的小男孩急哭了，他奶奶一脚把大男孩从秋千上蹬了下来。这时，男孩的妈妈冲了过来，跟那位奶奶扭打在了一起。

这两个孩子全程无交流、无商讨，而两个大人也没有任何引导。评论区的观点各不相同，有说男孩没家教的，有说奶奶不讲理的。

社交出现矛盾时，如何引导

明明是两个小孩子玩耍的问题，为什么会上升到大人之间的拳脚相向呢？因为两个大人把排队、轮流玩的规则当成了约束，而不是合作。

大男孩的妈妈认为，自己的孩子想玩就玩吧，先来后到嘛，让其他孩子等着就行。而小男孩的奶奶则认为，秋千是公共的，大家应该轮流玩，大孩子玩一会儿应该下来，主动让给小的孩子玩。所以，她们理所应该地认为，规则就是用来约束别人的。

但这种排队、轮流的规则属于大家互相约定俗成的规范，属于道德范畴，也就是为了大家和平相处而出现的。所以，唯有互相合作，规则才能更好地被使用。

那具体应该怎样引导呢？

- 如果你是大男孩的妈妈，可以从同理心的角度出发，引导孩子换位思考，想想这个等待的小孩子此刻心里有多么羡慕和着急，自己小的时候当有大哥哥、大姐姐把好玩的让给自己时，内心的感受是什么。还可以引导孩子从榜样的角度出发，主动跟小孩子商量，每人轮流玩一会儿。等待的时间会大大提升荡秋千时的幸福感，这比一个人玩的体验要好太多。而这种幸福感的提升来自孩子的合作。

- 如果你是小男孩的奶奶，可以先共情孩子的感受，理解他一定很着急的心情，然后给予孩子选择权，是想继续等待还是玩其他的项目。如果孩子选择继续等待，那就提醒他可能要等很久。如果孩子坚持等，那就安心陪伴。其间，可以带着孩子跟大哥哥商量一下，能不能大家轮流玩。如果对方同意，让孩子表达感谢；如果对方依然拒绝，就安抚好自己孩子的情绪，然后再次给予等待还是离开的选择。

如果你看到我给出的引导方式，感觉很憋屈，那么接下来的分析或许会让你豁然开朗。

让孩子明白，"谦让"不意味着"失去"

一个长时间霸占秋千，不肯让出来的孩子，内心往往是匮乏的，他不是真的就那么喜欢那个秋千，而是因为争抢时带给他的"失去感"让他恐惧，"谦让"对他来说代表着"失去"。这跟他的家庭养育环境是相关的，我们无力去改变每一个家庭，也没有必要去为别人的错误买单。

奶奶的一脚，并没有让孙子如愿以偿地玩上秋千，反而激化了矛盾，让原本简单的事件升级成为两个大人间的肢体冲突。这会让孩子产生两种极端的认知：一是外面的世界充满敌意，只有爸爸妈妈这样的大人才能应对，自己必须黏着大人才安全；二是解决问题的最好方式就是动手打人，内心会种下一颗暴力倾向的种子。不管是哪一种，都不利于孩子心智的发展。所以，家长的重心要放在自己孩子的引导上，让他学会与人沟通，以及无法沟通时学会处理好自己的情绪。

一个执着等待秋千的孩子，需要认识到世界不会围着他转的真相。他的等待可能会有结果，也可能会迟迟等不到。所以，当孩子做出继续等待的选择时，大人能给予最好的支持是陪伴。当孩子因等不到而哭闹时，大人给予最好的支持是情绪安抚。

理解差异，接纳外界

世界上没有两片完全相同的树叶，每个人也都是独一无二的。如果一个管理者不允许团队中出现不同的声音、不同的意见，那么这个团队表面一团和气，背后可能早已分崩离析，失去凝聚力和竞争力。这样的管理者大多有非黑即白的偏执思维，看待事物的目光单一、狭隘，以自我为中心，排除异己，故步自封，终将成为一座"孤岛"。

这样的人格大多跟童年时期接受的养育方式相关。

模式一： 父亲角色的缺失，再加上妈妈过度包办或控制，让孩子一直固执地在和妈妈的二元世界中，无法融入外部多元化的世界，形成二元对立的思维方式。

比如：孩子画了蓝色的星星，妈妈却要求改成黄色的；孩子可以自己穿衣服，只是很慢或总穿反，妈妈直接帮忙穿好，并嫌弃孩子任何事都做不好。

正向引导的方式

（1）增加爸爸陪伴的时间。（其他章节有涉及，在此不再赘述。）

（2）适度放手，允许孩子自己尝试，接纳事物的不完美，给孩子成长的时间。

（3）积极回应孩子的情感需求，保持好家庭的界限感，让孩子形成独立的人格。

模式二： 养育人经常对他人品头论足，给孩子戴上了"有色眼镜"，喜欢从评判他人中获得优越感。比如，"你看那个孩子乱扔垃圾，真没家教，你可不能这样做"。

正向引导的方式

（1）多讨论好的行为。比如："这个孩子这么小也知道把垃圾扔进垃圾桶里。"

（2）面对他人的错误行为，描述行为本身，不进行人身攻击。比如："这个孩子把垃圾扔到外面了，你觉得应该扔到哪里呢？"

（3）孩子嘲笑他人时，从同理心的角度引发思考，宽容地看待他人的缺点。比如："如果你跑的时候鞋子甩出去了，你希望其他人怎么做？""胖是他的特点，但这并不意味着你可以随意嘲笑人家，别人嘲笑你的缺点时，你有什么感受？"

（4）引导孩子欣赏他人的优点。比如："你有这么多好朋友，他们身上有哪些优点呀？"

模式三：限制孩子的社交，制定交友标准，扭曲孩子的价值观。比如，"小明的成绩那么差，不许跟他玩""小芳经常上台演讲，你多跟她学学，多交几个她这样的朋友"。

正向引导的方式

（1）倾听孩子的想法，了解孩子的交友标准。比如："最近，你常跟小明一起玩，他身上有什么吸引你的地方？小明好像不太受欢迎，你知道为什么吗？你为什么喜欢跟他玩呢？"

（2）给予孩子社交的自由，经常讨论孩子的感受，支持孩子的选择。比如："最近，你不跟小明一起玩了，是发生什么事情了吗？""如果小芳的嘲笑让你感到很沮丧，那就再交其他新朋友。如果你不在意，那就继续和她一起玩。我相信你的选择。"

模式四：权威型养育，导致孩子习惯了听话、服从，缺少思辨能力，用单一的标准和视角看待事物。比如："这个铅笔盒多实用，你懂什么？按我说的来！""你看书里的这个孩子多勇敢，你要向他学习。""你竟然敢顶嘴了！晚上的草莓不给你吃了。"

正向引导的方式

（1）引导孩子多观察、多尝试，从体验中积累经验。比如："这几个铅笔盒有什么区别？你喜欢这个的原因是什么？这个铅笔盒跟你之前用的有什么不同？哪个用起来更方便？"

（2）引导孩子多角度思考，形成自己的判断力。比如："如果你是他，会去山洞里探险吗？去探险的好处是什么？坏处是什么？如果你遇到这种事情，会怎么做？如果要探险，你会选择跟谁一起去？为什么？"

（3）允许孩子顶嘴。父母愿意倾听孩子的不同意见，他就能够倾听其他人的不同想法。比如："既然不同意，那说说看，你是怎么想的？你觉得我的方法不好用，那我们一起想想有没有更好的方法吧。"

（4）给予孩子选择的权利。拥有自主感的孩子，不会太较真儿，心胸更宽广。比如："棉服确实有些厚重，但那件衣服太轻薄，可能会冻着你，要不你自己决定穿哪件吧。""写完作业，可以安心地玩。先玩的话，就总有作业的压力跟着你，玩不尽兴。你自己想想再做决定。"

　　一个尊重别人与自己有差异的孩子，既懂得欣赏别人身上的优点，也敢于展现自身的优势；从不歧视他人，也不妄自菲薄；理解他人有缺点，也接纳自己的不完美。这样的孩子真诚、睿智，与人交往时看重的是对方的"人格"，而不是"标签"。将来进入职场，既能积极地与人合作，又能博采众长领导团队，最大限度地发挥团队的潜力。

理解忌妒情绪，拥有双赢的大局观

大多数人会掩饰或压制自己的忌妒心理，因为他们觉得这代表着自己的品德有问题。如果说出来，会显得自己很狭隘、小气，会被别人讨厌。但这其实是一种误区，忌妒是人类天生就有的一种复合情绪，其背后隐藏着恐惧、愤怒、痛苦、羞耻、自卑等多种情绪。每个孩子都有忌妒心，它能激发孩子的竞争欲，也能让孩子产生攻击性，破坏合作关系。

所以，忌妒是一把"双刃剑"，我们要帮助孩子正确认识这种情绪，并把这种情绪带来的困扰转化为成长与合作的动力。

六一儿童节，同学们一起排练了儿童话剧，小红扮演公主。为了更符合人物形象，她特意让妈妈买了一条新裙子。同学们看到后都说漂亮极了，只有她的好朋友小芳不这么认为。小芳说这条裙子一点儿也不适合小红，整个人看上去又矮又胖，上面的图案远远看去就像洒上了菜汤，很恶心，一点儿也不像个公主，更像是女巫。有几个同学听到后也跟着附和，说小红在"东施效颦"。小红听到后非常难过，脑子里都是别人嘲笑自己的画面，导致她上台表演时说错了台词，引得台下哄堂大笑。而小芳也因此受到影响，表演中频频出错。虽然大家最终还是把话剧表演完了，但大家的内心早已尴尬和悔恨到了极点。

如果孩子不懂得管理好自己的忌妒情绪，就很有可能会影响到团队的配合。在这个案例中，小芳对小红产生了忌妒的情绪，但她并没有处理好这种情绪，反而用嘲笑的方式攻击对方。所谓"枪响之后没有赢家"，小芳的攻击导致小红内心惶恐不安，影响了整个团队的配合。而小芳也是其中一员，最终自食恶果。

作为孩子的父母，如何引导孩子正确理解忌妒情绪，并转化为积极的能量呢？

如何化解忌妒

化解公式：自我接纳——积极面——转化

如果你的孩子对他人有忌妒情绪，甚至造成了不良后果，一定不要急着责备他，孩子需要的是你的帮助。拿前面这个例子来说，如果你是小芳的家长，要先帮她认识到自己当时是被一种叫"忌妒"的情绪所影响，并告诉她，这种情绪每个人都会有，忌妒他人并不可耻。这样小芳就会明白，自己是被情绪所影响，因此说出了那些伤害小红的话，而不是因为自己的品德有多糟糕。这会带给小芳自我接纳的力量，敢于承认自己犯下的错误，并积极补救。

然后可以告诉小芳，她之所以会忌妒别人，一是因为她有一双善于发现别人优点的眼睛，二是因为她总想超越别人，有着强烈的竞争意识。 所以看到对方身上的某个优点，而自己却没有的时候，就会产生忌妒的情绪。这是在帮孩子看到忌妒背后的积极面，让孩子对自己产生期待。**一个孩子相信自己是好的，他就会努力做出更多好的行为。**

接下来再跟小芳讨论一下，她还看重对方的哪些优点。比如小芳看到小红穿了漂亮的裙子，这为她赢得了同学们欣赏的目光和称赞，让小红成为人群中的焦点，这其实也是小芳期待拥有的。所以，鼓励孩子从欣赏的角度说出自己看到的优点，并勇敢地期待自己也可以拥有那些优点。这不仅会带来良好的人际关系，还会将妒火中烧的痛苦和愤怒转化为成长的动力，使孩子期待成为更好的自己。

如何应对被忌妒

应对公式：同理心——积极面——回应方案

如果你的孩子被人忌妒，并因此产生一些困扰，那么别急着找对方理论，要先关注自己孩子的情绪，共情他的委屈、无助和愤怒。然后引导孩子从同理心的角度分析对方为什么会这样做，培养孩子处理问题的能力。

依然以小红为例。

如果你是小红的家长，可以先问小红："小芳没有评价你的裙子之前，你自己觉得这条裙子好看吗？适合你吗？"这是在引导孩子先关注自己的真实感受。然后再问她，如果是小芳穿了这样的裙子上台，她会有什么样的感受，会说那些话吗？大多数孩子就会明白，对方很有可能是在忌妒自己。

如果你的孩子还是不理解，那就直接告诉她："我觉得，小芳可能在忌妒你，所以说了那样的话。忌妒是一种很常见的情绪，我们都会有。小芳说的话和你没关系，不代表你不好。"换位思考，可以很好地避免孩子在对方的语言攻击中，陷入无休止的自我否定。

接下来，引导孩子认真思考自己还有哪些优点，或者哪些时刻曾被同学忌妒。告诉小红这并不是一件坏事，"不遭人嫉是庸才"，会有同学忌妒，也说明她有许多闪光点。让孩子看到积极面，减少恐惧或自我怀疑，孩子才能更积极地应对问题。

然后，跟孩子讨论以后再发生类似事件应该如何面对及回应。不需要马上找到答案，讨论的过程可以持续一两周，尽量引导孩子多思考，给孩子时间琢磨这件事。这有助于提升孩子的情商，培养孩子的成长型思维。

当然，忌妒这个问题也会难住许多成年人。我分享两种回应的路径，你可以参考，并跟孩子寻找更适合他的一种或几种回应方式。

路径一：表达感恩并欣赏对方的优点

忌妒："你怎么穿了这么一条裙子啊？显得你又胖又矮，丑死了。"

回应："谢谢你这么关注我，你好像不太喜欢公主裙，但如果你穿肯定会好看。好期待待会儿的演出，我们一起加油。"

路径二：揭穿对方并划清界限

忌妒："这条裙子好奇怪啊，远看像洒上了菜汤，好恶心。"

回应："裙子明明很好看啊，你在忌妒我吧？我喜欢就行，其他的不重要。少关注我，把注意力放在待会儿的演出上吧。"

忌妒情绪是一把"双刃剑"，管理不好，伤人伤己。现在流行"内卷"，很多父母会拿别的同学的成绩来压自己的孩子，导致有些孩子把学习上的竞争对手当成"死敌"来看待。一旦对方超过了自己，就会妒火中烧、怀恨在心；一旦对方的成绩下滑，就会暗自窃喜、幸灾乐祸。这不仅降低了孩子的格局，还扭曲了学习的意义。从而使最终的目标不是成为更好的自己，而是只要比某些人好就行。

所以，与其拿同学的成绩来激励自己的孩子好好学习，不如提升格局，欣赏自己孩子身上的优点，让他建立自尊感，为自己而学、为梦想而拼。当孩子忌妒他人时，帮助孩子把忌妒情绪转化为对他人的欣赏和对自己的期待，把跟同学之间的竞争当成一种乐趣，把竞争对手变成学习上的伙伴，发现并从对方身上学习优点，让孩子成为更好的自己。

第九章

生命教育：
激发孩子的
合作意愿

"热爱生命"，这不是一个虚词

　　一个 8 岁的女孩在电脑上搜索"完美自杀"，原因是女孩的奶奶跟她说，人死后会去天堂，那个地方什么都有，很美好。但女孩又听说死亡是件极其痛苦的事，于是她在网上查找有没有不痛苦的死法，想去看看天堂到底是什么样，看完再回来。

　　如果她真的找到了"不痛苦"的方法，还能回来吗？

- 妈妈，你什么时候死？
- 我也会死掉吗？我好好吃饭就可以不用死了吗？
- 爷爷走了？他去哪里了？我可以一起去吗？

　　当孩子开始对"死亡"产生好奇时，会问许多这方面的问题，但大多数父母都会回避或者应付孩子，这会让孩子不得不从其他途径寻求答案。轰动一时的"蓝鲸"死亡游戏，正是利用了青少年对死亡的无知，煽动这些孩子自杀。如果这些孩子的父母在他们童年时跟他们谈论过有关生和死的话题，让他们有正确的认知，或许就不会发生这样的悲剧。

生命教育的缺失，还会导致许多孩子成年后备受"空心病"的困扰。

什么是空心病呢？这是北大心理学博士徐凯文教授提出的概念，就是有强烈的孤独感和无意义感，特别需要得到别人的称赞和认同。有强烈的自杀意念，因为不知道自己为什么活下去，找不到活着的价值和意义。

许多父母认为"生命的价值""活着的意义"是大人才会思考的问题，小孩子根本无法理解。其实，孩子才是天生的哲学家，他们早早地就有了对世界的好奇，对生命的探索。孩子从 3 岁开始大脑就在思考世界为谁而存在、太阳和月亮是怎么回事、自己为什么来到这里、活着的意义、自己跟世界的关系……

遗憾的是大多数孩子在成长中被父母"物化"了，生命的价值被一些"标尺"来回衡量，比如学习成绩怎么样、拿了几个证书、交了什么样的朋友、考上什么样的大学、找到了什么样的工作、赚了多少钱、买了多大的房子等。当生命被当成流水线上的"产品"那样物化的时候，孩子自然就会失去丰富多彩的光芒，也磨光了生命里坚忍不拔的韧劲，追求梦想变成了被迫谋生。为了努力迎合这把"社会的量尺"，孩子的眼界只能聚焦于眼前的得与失，为达目的不择手段，也逐渐失去了对生命的热情和对世界的热爱。

生命教育可以帮孩子开阔眼界、提升格局，发展出勤思好问、学而不厌、锲而不舍、坚韧不拔的优秀品质。为了充分体验生命的价值感和归属感，孩子会把自己放到更大的价值体系中去审视，真诚地与人合作，为了共同的、更大的目标奋斗、拼搏。

了解活着的意义，对社会负有使命

孩子最初来到这个世界上是没有"界限感"的，在他眼中，自己跟万物是一体的，自己就是整个世界。6个月以后，他开始逐渐意识到自己是独立存在的，开始形成"我"的概

念。2 岁左右，孩子开始问自己是从哪里来的，3 岁左右开始思考为什么而来、世界是怎么回事。四五岁开始有了"死亡"的概念，知道生命是有终点的，开始好奇死亡是怎么回事，并开始寻找自己活着的意义。

6 岁以前形成正确价值观的孩子，敬畏生命，热爱生活，擅长与人合作，负有使命感，愿意为社会的发展贡献自己的力量。

如何认识生命？

生命教育需要根据孩子的年龄分阶段进行。在后文中，我们一起来了解父母该如何去引导不同阶段的孩子理解"生命"这个厚重的话题。

第一阶段（2岁左右）：我从哪里来

当孩子越来越清晰地意识到自己是一个独立的生命时，他们就会想知道自己来自哪里。这就像大树需要先扎根，然后才能茁壮成长一样，知道自己从哪里来，会让孩子有归属感，把生命力的根扎在心里。

我们可以带孩子看一些有关身体认知的绘本，让孩子知道自己是从妈妈的肚子里生出来的。刚出生时只能吃奶，不会说话，也不会走路。在成长的过程中，一点一点学会吃饭、搭积木、说话等技能，是一个了不起的小宝贝。这是在引导孩子关注自己能力上的提升，感受生命的神奇与伟大。

如果孩子非要知道自己是怎么从妈妈肚子里出来的，甚至想看看自己的"出口"，那就告诉他，妈妈两腿间有一个生命的通道，生宝宝时会打开，生完就关闭了，现在是看不到的。孩子知道这些，就会心满意足了。千万不要用"从垃圾箱里捡来的"这类笑话来敷衍他，那只会破坏孩子的归属感，也会让他对自己的生命充满羞耻感，不利于孩子心理健康。

孩子 2 岁后，家长还要帮他建立"身体权"的概念。明确地告诉他身体属于他自己，所有不喜欢的身体碰触都是可以拒绝的，就算是爸爸、妈妈、爷爷、奶奶想亲或者抱孩子的时候，家里的长辈、亲友要摸孩子的头、抱或者亲孩子的时候，只要孩子不愿意，孩子都是可以拒绝的。

要知道，70% 以上的儿童性侵是熟人作案，其中也包括亲友。只有家庭中允许孩子说"不"，将来在某个特殊的场景，孩子才不会因为对方是成年人或长辈，而不敢拒绝身体上的侵犯。许多家长觉得，对方抱或者亲孩子，代表了对孩子的喜爱，孩子拒绝会显得很没有礼貌。但这恰恰会让孩子误以为，只要对方是成年人，就可以任意触碰自己的身体。如果感觉不舒服，一定是自己有问题。

第二阶段（3岁以后）：我为什么而来

　　孩子的观察和认知能力越来越强，开始好奇男人、女人的身体有什么不同，想看爸爸妈妈洗澡、上厕所。他们还会奇怪自己是从妈妈肚子里生出来的，那跟爸爸有什么关系呢？这个时候，我们就需要对孩子进行儿童性教育了。

　　我们要明确地告诉孩子，身体哪些地方是隐私部位。这些地方不可以给别人看，也不可以去看别人的隐私部位。如果有人要主动给他看，一定要拒绝，并告诉爸爸妈妈。当孩子想看爸爸妈妈的身体时，爸爸妈妈也可以明确地拒绝，并告诉他"这会让我感觉很尴尬"，孩子就从爸爸妈妈身上学会了拒绝他人。

　　我们可以通过一些生命类的绘本给孩子讲讲精子、卵子跟生命的关系，男人和女人生理上的不同，简单提及结婚是怎么回事。还要告诉孩子，他之所以会来到这个世界，是因为他是三亿个小精子中的冠军。只有足够聪明、足够努力、足够坚持、足够幸运的小精子，才能成功地跟卵子结合，发育成一个宝宝。从爸爸和妈妈相爱并结婚的那一刻，就在期待着他的到来，他是爱的结晶。这会赋予孩子生命的价值感，让孩子对自己充满期待，拥有爱与被爱的能力。孩子对世界也会充满热情，成就乐观积极的心境。

即使是离异家庭，家长也要用这样的方式告诉孩子他生命的由来。不管多讨厌或者痛恨另一半，家长都不要将这些传递给孩子。成年人都很难面对这样的痛苦，更何况是一个孩子。"爸爸不要我了。""妈妈为了养大我才会活得这么艰辛。""我的到来，对妈妈来说是件倒霉的事。"……类似这样的认知，只会让孩子失去生命力，带着负罪感长大。无论给予他多少物质的满足，他的内心都是极度匮乏的，也无法感受到幸福，人生的底色也会变得暗淡无光。这就相当于家长给自己和孩子的未来埋下了一颗炸弹，不一定什么时候会引爆。一旦孩子出现严重的心理问题，家长还能轻松、幸福地生活吗？

我们在前文中提到过，孩子是天生的哲学家，他们从 3 岁开始就在思考自己跟世界的关系了，而这个阶段也是想象力发展的重要时期。孩子们不断地在天马行空的想象与现实中来回切换，还会喜欢玩一些角色扮演的游戏，来感受不同的身份，这些都是在为青春期建立身份认同做准备。"我是谁"和"生命的意义"是 3 ～ 99 岁都在思考的一个问题。虽然答案一直在改变，但因为我们每个人都带有"自恋"的原动力，所以即使在现实中很渺小，我们内心依然会有英雄梦，经常想象自己的力量可能会在某天觉醒，并拯救世界。

所以从孩子 3 岁开始，家长还要给孩子看一些哲理类的绘本，帮助孩子建构思维大厦的基石，跟孩子讨论世界、生活、梦想。不要在意孩子的想法是否现实，随着年龄的增长、认知能力的提升，他们会逐渐发展出分辨现实与想象的能力。**家长倾听并讨论孩子的英雄梦，会在孩子的心里种下一颗追求梦想的种子。梦想可以不停地换，但追求梦想的心会不断发出炽热的光芒，照亮孩子的人生。**

"大语文"时代的到来，不管是阅读理解还是作文，都要求孩子有自己的思想和辨别力，文学的底色离不开哲学。读懂一篇文章背后的隐喻，写出一篇震撼灵魂的文章，都离不开哲学思维。哲学往大了说，是有严密逻辑系统的宇宙观；往小了说，哲学思维就是一种理性思考，思考人与世界、人与生活、人与学习的关系。

想想看，你自己的童年是否有过这样的疑问：

- 我真的存在吗？
- 如果我不存在了，这个世界还会存在吗？
- 我是谁？
- 我为什么会来这里？谁让我来的？
- 我来到这个世界的目的（意义、使命）是什么？

这些都是哲学问题，只是没有人跟我们探讨这些问题，甚至会有大人嘲讽我们想得太多。所以，我们变得越来越功利、越来越现实，压制着自己的好奇，不再思考这些问题。当我们停止了对人生的思考，内心就会逐渐枯竭，生活也会变得盲目，任何挫折与困境都会让我们觉得生命只有苦难，毫无意义。为什么会有孩子因为考砸了、被批评了、失恋了，就选择跳楼？因为在他们的眼中，生命毫无意义，只有做不完的题、吃不完的苦和挨不完的骂，与其这样痛苦地活着，不如结束一切，永远地离开。

还有一些孩子因内心的恐惧而不敢停下、不敢独处、不敢放弃、不敢拒绝……因为他们害怕停下、独处、放弃、拒绝，就意味着自己会"消失"。他们只能通过成绩、奖状、听话来赢得父母的爱，来确认自己是有价值的，自己的生命是有意义的。这些孩子看似优秀，却很难体验到幸福，因为他们无法相信会有人无条件地爱着自己，他们内心充满"不配得感"。这样的孩子得失心重，过度关注自己的成与败。就像仓鼠一样，不断地索取与囤积，永不满足。即使未来拥有了财富与社会地位，他们也不愿意为社会、国家的发展出一份力。

哲学家尼采曾经说过："知晓生命的意义，才能够忍受一切。"

没人是害怕吃苦的，我们害怕的是自己的努力毫无意义，自己的生命毫无价值。面对漫长的人生，大人都会迷失自我，更何况是未经世事的孩子。所以，我们要主动跟孩子讨论生命的伟大、活着的意义，让孩子对自己的未来有期待，勇敢地自我突破和自我实现。

我们可以从以下这些角度，跟孩子进行讨论。

（1）每个生命来到这个世界上，都有着自己的使命。这个使命是他人没法替代的，需要你自己不断地去寻找。

（2）当你全身心地投入生活中，去发现、去创造、去感受、去爱的时候，就会给这个世界带来美好的礼物，而你送给世界的每一份礼物也会让你的生命变得更有价值。

（3）生命本身就是一份礼物，你的微笑、你的声音、你的目光、你的作品、你的到来都在让世界变得更美好。

（4）爸爸妈妈非常爱你，陪伴你长大，是我们最幸福的事。

第三阶段（5岁以后）：
让我们谈论死亡吧

　　虽然孩子从4岁开始就会对死亡产生好奇，甚至还会在跟同伴玩耍时装死，但大多是在5岁以后才能理解死亡的概念。当孩子询问关于死亡的问题时，大人要表现得从容、自然一些，尽可能简洁、真诚地回答他们的问题，让孩子感觉这方面的疑问是可以跟大人探讨的。避而不谈或者表情凝重地回应，都会带给孩子恐惧感，这不利于他们对死亡的理解。

　　生命教育中，谈论死亡是非常重要的一个部分。跟孩子谈论死亡的目的，是让他们珍惜活着的每一天，勇敢地释放生命力。从知晓生命会有结束的那一天开始，孩子就会被死亡焦虑所困扰，这是一种正常现象，因为成年人的焦虑大多也是来自对死亡的恐惧。而缓解死亡焦虑最好的方法，就是跟孩子谈论生命的意义，让孩子对自己有限的生命充满期待，让孩子对自己的国家负有使命感。个体是渺小的，当融入一个庞大的群体时，个体就有了归属感。而当个体为这个庞大的群体做出贡献时，个体生命的价值就会得到升华。即使面对死亡，也不再那么恐惧。

> 人生自古谁无死？留取丹心照汗青。
>
> 人固有一死，或重于泰山，或轻于鸿毛。
>
> 生如蝼蚁当立鸿鹄之志，命薄如纸应有不屈之心。

这些诗词都在以磅礴的气势、慷慨激昂的语调彰显对生死豁达的态度，衬托出生命的伟大与力量。

当生命毫无意义时，人们会产生莫名的恐惧，想尽一切办法来逃避死亡，怕生病、怕衰老、怕关系的结束，甚至怕孩子的成绩不好。这些都出自死亡焦虑，所以学习对孩子来说就是一种折磨。而当生命被赋予使命感时，人们就会把注意力更多地放在自我实现上，学习对孩子来说就是一种实现梦想的途径。他们会想办法学会老师教授的知识。即使学习方面找不到成就感，他们也会在其他方面找到自己的闪光点，因为他们坚信自己背负使命。

如何跟孩子谈论死亡，如何赋予孩子使命感？这对许多父母来说都是一个难题，但其实父母的态度比答案更重要。当父母带着爱和敬畏之心，真诚地跟孩子谈论生命的话题时，孩子就会感受到生命的珍贵与伟大。

关于生命教育，你可以把以下这些问题作为出发点，跟孩子进行讨论：

1. 什么是死亡？

你可以用平静的语气告诉孩子：

活着的时候，我们会呼吸、会吃喝、会说话、会想事情，会感觉到冷和热，会感受到疼痛，会有快乐、伤心、生气、害怕等情绪，而死去人的就没办法再做这些事，也没有这些感觉了。

不要跟孩子说，死了就是睡着了。曾经有一个小男孩因为奶奶说死了就是睡着了而害怕睡觉，好不容易睡着了又不停地做噩梦。半夜哭醒，还出现了尿床的情况。孩子的世界非黑即白，他们不能理解大人这种含蓄的说法。这只会带给孩子更多的猜想，导致他们更加焦虑。

大人对死亡的态度也会深深地影响孩子。当你不允许孩子提及这些话题，对家人生病表现出过度焦虑和烦躁时，也会让孩子对死亡更恐惧。曾经有一位妈妈因孩子总是不认真洗手，担心孩子被传染手足口病，而情绪失控，动手打了孩子。几天后，孩子开始出现强迫行为，不停地反复洗手，在接触任何东西后，必须要在手上喷洒酒精消毒。大人递给他的食物，他也不肯吃，要求大人先喷酒精消毒。这种强迫行为背后隐藏的正是死亡焦虑。

"我们都会死，因此都是幸运儿。绝大多数人永不会死，因为他们从未出生。"这句话出自《解析彩虹》一书。既然死亡是生命的一部分，我们逃不掉，那不如感恩我们拥有这样的机会，感受生、感受死。换个视角，心境也会改变。如果你的心境改变了，孩子也就会变得豁达。

2．妈妈，你什么时候死？

当孩子说出这句话时，千万别觉得这是孩子不懂事，或者在诅咒你。事实正好相反，这是孩子在乎你的表现。

四五岁时，孩子开始有了死亡的概念，知道生命是有尽头的，人总有一死。于是，他们开始担心自己爱的人会离开自己，所以才会说出这句话。

如果你的回答是："只要妈妈不生病、不发生意外，会活很久很久，现在是不会死的。"那接下来孩子会非常焦虑，因为生病、意外对他们来说是完全不受控制的，这意味父母有可能随时离开自己，这会严重破坏孩子的安全感。

想让孩子安心，就要给予孩子确定的答案："爸爸妈妈现在不会死，直到你长大成人、结婚生子、变老了以后，爸爸和妈妈变成老爷爷和老奶奶了，才会死去。"对于孩子来说，父母是他们活下去唯一的依靠，满足孩子的安全感需求，更有利于他们的心理健康。完全没必要在孩子那么小的时候就给他们讲一些大人都无法掌握的事物。

3．我也会死吗？什么时候？

不要欺骗孩子，当他们问出这个问题时，他们心里其实已经有了答案，只是无处安放的恐惧让他们不断地问这样的问题，想从大人这里得到一些安慰。所以，父母可以告诉孩子："会死，每个人都会死去，但这是一个非常漫长的过程，因为你先要长大，上学、工作、组建家庭、生孩子、实现梦想、完成使命，然后才会离开这个世界。"

如果孩子还是非常担心，父母就可以给孩子画这样一个生命线路图，用孩子看得懂的方式，跟他们解释他们的生命还很长很长。每个年龄阶段都有需要去做的事情，他们需要好好爱惜自己的身体，保护好自己，让自己尽可能地在这个世界上活得更久一些，为这个世界多做一些事情。

生命线路图

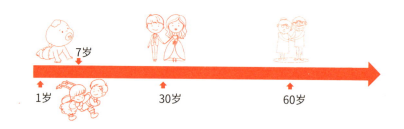

4．爷爷走了？他是去哪里了？

我们可以告诉孩子：人们为了表达对死者的怀念和尊重，一般不会说死了，大多会用去世、走了、安息、不在了、没了、去天堂了等委婉的说法。

还可以跟孩子聊一聊，谈论生命这个话题的分寸感。每个人都很珍爱自己的生命，想在这个世界上活得更久一些，所以大家都在想如何活得更好，对于死亡相关的话题就会尽量回避。尤其是一些喜庆的节日，大家都喜欢说一些愉快的话题，没有人会去谈论死亡。

在老人面前，也尽量不要谈论跟死亡相关的话题，以免让他们悲伤。因为他们已经活了很久很久，相对于小孩子和年轻人，他们更接近人生的终点。如果孩子有关于生命死亡方面的疑问，可以私底下问爸爸妈妈。

5．人死后会去哪里？

如果你跟你的孩子说死后会上天堂，他容易对死亡产生向往。以后遇到重大的挫折，他就可能把死亡当成一种解脱的方式。而如果我们跟孩子说死后会下地狱，他又可能会过度恐惧，总担心自己会犯错，不敢尝试新鲜事物，变得谨小慎微。

我们可以这样告诉孩子：**"有人说死后会上天堂，有人说会下地狱；有人说会去月亮上，有人说会变成天上的星星；还有人说死了就什么也没有了……关于死亡古今中外都有好多种传说，没有人真正知道答案。因为从来没有死去的人再回到这个世界，所以这些都只是活着的人想象出来的。"**

这种不确定又很真诚的回答，会让孩子对死亡产生敬畏之心。敬畏死亡，才会珍惜生命！

同理，如果你所在的小区有人跳楼，不要告诉孩子那个人是因为遇到了不开心的事或者受到重大伤害才跳楼了。这相当于给了孩子一个暗示：如果不开心或受到伤害，可以选择跳楼这种方式来解脱。要告诉孩子跳楼是一种很痛苦的死亡方式，正常人是不会这样做的。那个人可能得了严重的心理疾病，没有去医院治疗，所以行为失控，才做出这样的事。如果他可以去医院治疗，就不会发生这样的不幸。

6. 既然都要死，为什么还要生孩子？

生命教育的核心，是谈论活着的意义，而这个问题可以很好地把孩子的注意力从"死"转移到"生"。我们可以告诉孩子："**生孩子是把生命一代一代地传承下去，这也是人类对抗死亡的一种方式。虽然生命会有结束的一天，但被称之为'生命密码'的基因会遗传到下一代。从宇宙诞生之日起，祖先们就在努力地延续生命。每一代的生命之间都是有联结的，每个人的身体也都会遗传祖先的基因，每一个生命都承载着一代又一代的爱和希望。**"

我们可以用画图的方式带孩子算一算，赋予他生命的有多少人。或者说，他的生命遗传了多少人的基因。

- 孩子最先会想到谁呢？当然是爸爸妈妈。
- 再想想是谁给了爸爸妈妈生命呢？没错，是爷爷、奶奶、姥姥、姥爷 4 个人。
- 再往上算，有 8 个人，再往上 16 个人。哇，有数不清的祖先。

你可以带孩子一起画这样一幅有关生命传承的图，让孩子感受生命的神奇和伟大。要知道，在这幅图中，如果有一个人缺席了，都不可能有今天的我们。

只有认识到生命是相互的联结并且不断延续的，才能克服因个体的渺小和孤单所带来的恐惧感，真切地体会到活在世界上是多么幸运，并对生命心存感恩。

第四阶段（7岁以后）：
建立自我价值感

孩子从小感受最多的，就是自己的无能。跟大人相比，他们什么事都做不好，成长中有太多不理解的事物。当他们开始思考生命的意义时，一方面受自恋影响，觉得自己很了不起；另一方面又觉得自己一无是处，自己的生命可能毫无意义。

上小学以后，他们的分辨能力更强了。在跟同龄人的对比中，经常会因某个方面落后他人而自我否定。但为了维护自尊，他们会假装不在意。这种"不在意"其实是一种心理防御，遗憾的是，家长们认为这是孩子自暴自弃的一种表现，非但不安慰孩子，反而嘲笑和挖苦他们不上进。这会降低孩子的自我价值感，让他们觉得自己很糟糕，遇到社交矛盾或学习中的困难时，他们往往会通过贬低他人或乱发脾气的方式来获得心理上的平衡。

父母是孩子人生的第一面镜子，孩子会从父母的眼神和语气中判断自己是否足够好，形成对自己的评价。而这种自我评价会影响孩子人格的发展，这也被称为"权威期待的力量"。

所以，父母除了要关注孩子的点滴进步，培养他们的自我效能感，还要在他们气馁时，给予支持和信任，让他们相信自己的生命是有价值的。

心理学家罗森塔尔曾对一年级到六年级 18 个班的学生，进行了一次"未来发展趋势测验"，然后把"最有发展前途者"的名单给了校方，并叮嘱他们要保密，免得影响实验的正确性。其实，校方不知道的是，这份名单完全是随机选出来的，跟测验结果没有任何关联。8 个月之后，上了名单的那部分学生的成绩普遍有了显著提高，而且性格更外向，自信心、求知欲都变得更强。

但这些学生并不知道自己上了名单，那影响他们的是什么呢？答案是，具有权威性的老师影响了这些孩子。

但老师们需要保密，所以并没有明确地告诉这些孩子，他们上了名单。那又是什么起了作用呢？答案是，老师的情绪和态度向孩子传达了一个"你很优秀"的信息，让孩子感觉自己是"最有发展前途"的人，逐渐在学习中变得更自信、积极，成绩自然也得到了提升。

如果你在心里认定孩子是善良的、聪慧的、美好的，那孩子也会表现出这些好的品质。如果你每天嘴上表扬孩子是优秀的、最棒的，但他做错一点儿事，你就马上狠狠地惩罚他，那孩子会真切地感受到自己其实很糟糕，他也会表现出更多糟糕的品质。

如果你一直坚信打压式教育才能激励孩子积极上进，欣赏和鼓励只会让孩子变得玻璃心，那我想，你的童年也是在打压和否定中成长起来的，所以你复制了父母的养育模式。

你不妨反思以下几点问题，看是否都存在。

- 很难做选择，总觉得自己会选错。
- 不管多有把握、多熟练的事，总会忍不住自我否定、自我怀疑。
- 总想得到别人的认可，不管取得多高的成就，经常会觉得自己一无是处。
- 经常陷入精神内耗，容易产生羞耻感，并不断自我苛责和否定。

以上这些都是在童年时形成的思维模式，心理学上叫"冒充者综合征"，又称"自我能力否定倾向"。有这种思维模式的人无法自我接纳，总在不断地自我否定，自尊感极差。因为父母一直用打压的方式对孩子进行情感控制，孩子没有发展出爱与被爱的能力，即使长大成年后拥有幸福的家庭、成功的事业，也会因内心的"不配得感"而不断地给自己施压，让自己疲惫不堪，以成就自己的悲剧角色。很多人生悲剧是自己编写出来的，你看待事物的角度、思维方式决定了你的人生是喜剧还是悲剧。

既然你的身份已经从"被养育者"变成了"养育者"，何不勇敢地打破童年模式，相信生命的美好，心安理得地爱你的孩子？

如果你没办法相信生命本就美好，那就去看一眼熟睡中的孩子，亲吻他那天使般的脸庞，相信你的内心会变得柔软有爱，或许你会重新思考生命的价值。

每晚睡觉前，我都会一边亲吻尧尧的额头，一边跟他说以下三句话。

第一句："宝贝晚安，妈妈爱你！"

这是在向孩子表达爱，因为睡前对孩子说的话，很容易进入孩子的潜意识。所以，妈妈的爱会让孩子睡得更香、更甜，同时也在教会孩子表达和感受爱。

第二句："睡个好觉，做个美梦，美梦成真！"

孩子在成长的过程中，都会有做噩梦的经历，有的孩子还会因为害怕做噩梦而不敢一个人睡。这句话就像是在给孩子的大脑下命令，暗示他睡觉的时候呈现更多的美梦。

第三句："健康、快乐过好每一天！"

这是在告诉孩子，快乐和健康才是最重要的：只有身体健康，他才有为梦想而拼搏的资本；只有经常体验并追求内心的快乐，他才会想活出更好的自己。

如果你愿意尝试改变爱孩子的方式，不妨先从睡前三句话开始。跟我学习的家长，只要尝试坚持一段时间，就会爱上这件事，因为每次跟孩子说这三句话的时候，他们内心都会充满感动，有一股暖流瞬间涌出，与孩子温暖彼此。但一定要把这三句话改成自己的语言习惯，孩子是能分辨出背台词和用心说这两者的区别的。

第五阶段（10岁以上）：
树立正确的价值观

　　随着年龄的增长，孩子在身体和心智发展方面都开始为青春期做准备。他们越来越在意同伴的看法，攀比心也更重了。"假想观众"导致了他们过度自我关注，从身高、穿着、发型等方面寻找自信。但他们缺少判断力，所以很容易受明星、网红等一些扭曲的审美观影响，对自己的身材、容貌产生焦虑。即使你告诉他们别在意那些，他们已经很优秀了，他们依然会感到困扰，并产生羞耻感。如果你向孩子灌输内在美的价值观，还很可能遭到孩子的反驳。

　　其实，有虚荣心是很正常的一件事。面对这个充满诱惑、"一切向钱看"的世界，孩子难免会有迷失自我的时候，但只要树立了正确的价值观，就能在人生的紧要关头做出正确的选择。

　　曾有一个培养孩子内驱力的视频火遍全网，因为见效快，家长们争相模仿。视频的内容是孩子不愿意学习，于是妈妈凌晨4点把孩子叫醒，带着他去大街上看环卫工人扫马路。正值寒冬，孩子站了近两小时，又冷又饿。这个时候，妈妈拿出一个馒头和一袋榨菜让他吃，并告诉他这些工人这么辛苦，但赚到的钱很少很少，只能吃这个。孩子当场崩溃大哭，表示一定会好好学习，将来坚决不做这种工作。

接下来，又有许多新版本出现，有带着孩子去工地搬一天砖的，有带孩子去捡垃圾的，反正怎么苦怎么来，最终父母都达到了令他们满意的效果。但这种方式会带给孩子怎样的价值观呢？

首先，孩子的内驱力是来自恐惧，而不是爱。无力思考生命的意义，只想摆脱贫穷和吃苦。一旦考上了理想的大学，找到了理想的工作，他们就会谨小慎微地保住这份工作，故步自封，不敢做任何尝试与突破，不求有功，但求无过。就像许多成年人感慨的那样："我们到底是一年活了365天，还是只活了一天，重复了365次？"

其次，孩子的价值观会被扭曲。他们会用金钱来衡量生命的价值，对人进行等级的划分，看不起比自己贫穷的人，歧视那些赚钱少的职业。因为担心自己会成为"鄙视链"的底端，而拼命讨好那些有"背景"的同学，融入某个"惹不起"的群体。为了迎合这些人，甚至会尝试一同吸烟、酗酒、偷盗等行为。

一个价值观扭曲、害怕吃苦的人，终将会被自己的贪婪所吞没，因为他的内心有一个永远也填不满的洞。这样的人一旦获得权力，必然会不择手段地牟取更多利益，在他眼中金钱是凌驾于生命之上的。试想，如果一个医生是根据红包的厚度来决定手术是否成功，那会有多少人因此失去活着的权利？

有一位妈妈因为没给儿子 4000 元钱买手机，而被打进了医院。这位妈妈是一位环卫工人，而她的儿子才 12 岁。许多人感慨，她养了一个"白眼儿狼"。但如果你去深入了解一下就会发现，这位妈妈一直觉得自己很卑微，给儿子丢脸了。所以，她一直心怀愧疚地养育一个生命，自己省吃俭用地满足着孩子的虚荣心，经常跟儿子说："妈妈没本事，只是一个扫马路的，别人都看不起我。你一定要好好学习，改变自己的命运，过上体面的生活，别再让人看不起了。"

在这样的养育中，孩子不但没有感恩之心，反而觉得自己很倒霉，出生在这样的家庭，是妈妈对不起自己，让自己丢脸了。只有有钱人才配得到尊重，自己家里很贫穷，一定会让别人瞧不起。所以，他总是逼着妈妈给自己买一些贵重的东西，以此来彰显自己的身份，求得别人的尊重。而妈妈也一直省吃俭用，尽全力"喂养"着孩子的贪婪。终有一天，妈妈无力满足时，孩子的恨意就爆发了。

这可不是偶然事件，在我接触的个案中，见过不少类似的情况：一位单亲妈妈因身体有残疾，不好找工作，开了一个早餐摊儿，女儿跟同学路过时，怕丢孩子的脸，就假装不认识；一对夫妻在工地上干活，攒了一些钱，把孩子接到了身边，担心孩子自卑，尽可能地给孩子买名牌的衣服和鞋子；一位妈妈只有初中文凭，每次开家长会，她都会跟老师说是自己拖了孩子的后腿，没有文化，辅导不了孩子的作业……

这些父母都很爱自己的孩子，但他们用错了力。他们忽视自己，尽量给孩子最好的，以为这样就可以改变下一代的命运。**试问，没有自我、没有灵魂的父母，如何养育出有血、有肉、有爱的孩子？** 孩子在父母身上看到了自己的出身有多卑微，在建立身份认同时，把自己当成一个所谓的"下等人"，把自己所有的不幸归罪于父母，心安理得地对父母颐指气使，而父母的愧疚感也在不断滋生孩子的怨气。

在跟这些父母的交流中，我跟他们说过相似的话。

（1）你不偷、不抢，所有的钱都是自己努力挣来的。孩子只是花你的钱，有什么资格对你指手画脚？

（2）你的早餐摊儿为早起忙碌的人带来了一丝温暖，你堆砌的每一块砖都在加速着城市的建设，你的每一份付出都在让世界变得更美好，有什么丢脸的？

（3）你自己也是一个独立、有尊严的生命，你有你存在的价值，你也需要被爱、被看到、被认可，如果没有人给予你这些，那请先爱自己、看到自己的努力、认可自己的价值。当你有自尊了，孩子也就懂得了什么是尊重。每天找出一个自己的优点，写下来，贴在镜子上，提醒自己。

（4）在能力范围内，你可以满足孩子的需求。无法满足时，坦诚地告诉他大人赚的钱要用来生活。如果想要，长大以后自己赚钱买给自己。缺失感本身也是一种动力。

（5）内心的贫穷比经济上的贫穷更可怕，你面对贫穷的态度，决定了孩子的格局。当你认为贫穷只是暂时的，你愿意努力改变自己的命运时，孩子的未来必将得到祝福。

那应该怎样让孩子树立正确的价值观呢？可以经常跟孩子谈论以下话题。

你希望将来可以赚到多少钱？

引导参考： 赚钱是一件很重要的事，但金钱只是一种工具，是我们用来实现梦想的工具。当你把金钱当成目标时，就会成为金钱的奴隶，失去自我。

怎样才能赚到钱？

引导参考： 想赚钱，就要先想想自己可以为别人做些什么，当你提供的价值可以满足别人的需求时，金钱自然会跟随你。

什么是成功的人生？

引导参考： 每个生命都有他存在的价值，有的人找到了自己的使命，活得丰富、自在，有的人迷失自我，蹉跎了岁月。你可以选择自己活着的方式，但你没有权利对他人的生活指手画脚。同样，也没有任何人可以定义你的人生是否成功。

你觉得哪种职业最好？

引导参考： 职业不分贵贱，只要是在用自己的劳动换取报酬，是在为这个社会贡献自己的力量，就是一份好职业，值得被尊重。就像三个建筑工人在砌一堵墙，一个人心里想的是"我只会垒墙，一无是处"；第二个人心里想的是"盖的大楼再高也没有我的一间屋"；第三个人心里想的是"我盖的每一间屋都将是爱的港湾，这个世界也因此多了一丝温暖"。问一下孩子，同一份职业，哪个更让他尊敬？让孩子理解，所谓的好与坏，要看他自己是如何诠释的。

买名牌可以带给你些什么？

引导参考： 名牌商品的确会带给你一些自尊感，但这种自尊像烟火一样转瞬即逝，读书、学习、运动、社交很难满足你的虚荣心，但只要持之以恒，就会源源不断地为自尊提供"燃料"。在不影响他人的前提下，你可以随意选择任何一种方式来满足自己的自尊感。也就是说，名牌可以买，但前提是不能给家庭带来负担。

怎样才能过好这一生？

引导参考："纸上得来终觉浅，绝知此事要躬行。"前面谈论的所有内容可能都是错的，因为每个人都是独一无二的，所以没有任何一个标准可以定义人生的好与坏，唯有融入社会，亲身体验，用心感受，勇敢去爱，才能找到自己人生的意义，才能过好这一生。

尧尧曾经问过我一个问题："为什么要写一本书？"

我的回答是书更有利于传播，可以帮助更多家庭。尧尧又问我："如果没有人看，还会写吗？"我的回答是："会。因为这是我送给世界的一份礼物，有一天我不在这个世界上了，我的书还会替我继续传播家庭教育。"

接下来，我问了尧尧一个问题："你知道我送给这个世界最珍贵的礼物是什么吗？"

尧尧猜："你的课？"

我摇摇头。

尧尧继续猜："那就是你的书呗？"

我继续摇头。

尧尧继续猜："噢，我知道了，你培养的学生们。"

我用坚定而认真的语气回答："是你。我送给这个世界最棒、最珍贵的礼物是你。"

尧尧的眼中闪过一道炽热的光，他扑到我怀里，用力地拥抱我说："妈妈，我爱你。"

每个人都希望自己的生命是有意义的，在孩子年幼时，他们对世界充满了期待，但同时又对自己的未来感到迷茫。我们要告诉孩子，他的到来是一份礼物，他的存在很有价值，他的生命是有意义的。就像是在孩子的心中种下一颗"光"的种子，总有一天这颗种子会发芽，照亮孩子的整个人生。

心里有光的孩子，会带着自己的梦想去拼搏、去奋斗、去实现，不管是成长为一棵参天大树，还是只做一朵幸福的小花，他都可以安心地做自己、爱自己，活得丰富自在。不要逼迫鸟儿去游泳，因为它的舞台在天空；不要逼迫鱼儿翱翔天空，因为它的舞台在水里。每个人都有属于自己的人生舞台，当活着的意义被别人所定义、生命的价值被明码标价时，即使那只鸟儿学会了游泳，它也永远无法成为自己，最后连生活的意义也会找不到了。

体验幸福，才能拥抱世界

只要我拥有绝世容颜、亿万身家，能够长生不老，孩子考上名校……**我就能拥有幸福!**

能不能低头看我一眼，就一眼啊!

爱默生曾经说过："一个人对这个世界最大的贡献，就是让自己幸福起来。"

的确，相对于浩瀚的宇宙，我们每个人都很渺小，但每一个小小的"我"都在影响着这个世界的发展。如果每个人都能感受并向往幸福，身体里的小宇宙就会被点燃，潜能会不断地爆发出来，社会也会被推动着快速发展。而如果大多数人无法点燃自己的小宇宙，那么社会的发展也会受阻。所以，我们应该教会孩子如何感受幸福，这也是生命教育不可缺少的一部分。

对于小婴儿的妈妈来说，能睡一个整觉，就是幸福的；对于一个四处求职的人来说，收到录用通知就是幸福的；对于一个小学生来说，某一天免写作业就是幸福的；对于一个留守儿童来说，能见到爸爸妈妈就是幸福的。每个人对幸福的定义是不同的，但这些幸福都有一个共同点：主控权不在我们自己的手里。这些幸福的体验可遇不可求，被称为"小确幸"。而我们要教给孩子的是感受幸福的能力。

如果你认为必须赚到一定的钱、有房有车、买很多名牌商品才能幸福，那说明你不懂得如何爱自己，因为你不允许自己幸福。你给自己设置了许多条件，达不到就不可以幸福。同样，如果孩子认为只有吃糖的时候、玩游戏的时候才是幸福的，那他也错误地理解了幸福的真谛。

幸福应该是无条件的，任何时候，我们都可以体验幸福。人的欲望就像无底洞，永远也填不满。当孩子把注意力放到自己想要得到的事物上时，他的内心就会越来越匮乏，因为他会发现太多事物是他想拥有却无法得到的。而如果孩子把注意力放到自己已经拥有的事物上，就会产生感恩之心，幸福的感觉就如泉水般涌出，滋养他的生命。

想让孩子学会感恩，父母首先要有感恩之心。这里所说的感恩并不只是说有了开心的事、收到了礼物才感恩，而是凡事都要感恩。即使在你看来是不好的事也要感恩，因为不好的事可能会伤害到你，也可能会成为你的人生经验，带给你更丰富、美好的幸福体验。

去年春天，一个特别普通的早晨，我被蝉鸣声吵醒，睁开眼睛看看表，才5点。我打算翻个身继续睡，但实在太吵了，根本无法入睡。我叫醒熟睡中的老公，让他帮我找找声音是哪里来的，但老公没有听到任何声音。

我突然意识到是自己的耳朵里的声音，于是下意识地捂住左耳，发现右耳什么也听不到，而且头的整个右半部分是麻木的，我感觉不到它的存在。这种感觉非常可怕，我从未感觉到右耳的存在，但那一刻，我却感觉到了它的不存在。我不停地触摸耳朵，怀疑自己是在做梦。直到拿到医院检测报告那一刻，上面写着"突发性耳聋"，我才清醒地意识到这不是梦。

老公把我拉到楼梯间，让我冷静一下，商量一下住院治疗的事。我崩溃大哭，我不明白自己为什么聋了，自己做错了什么，让我遇到这样的事。

住院的前两天，我整个人都是蒙的状态，像个机器人，执行着别人下达的指令。一堆检验单，不停地告诉我身体状况已经有多糟糕了。除了推激素类药物时候的呕吐反应，其他时候我没有任何情绪波动。

第三天早晨，我终于听到了一点儿马桶冲水的声音，那种感觉好幸福啊。医生说正常人的听力范围不大于 25 分贝，我入院时只能听到 120 分贝的声音，相当于全聋，属于比较严重的突聋，完全恢复不太可能，但达到 60 分贝是没问题的，相当于老年人的听力。终于看到了一点儿希望，我开始静下心来思考，自己为什么会生病，生病能带给我什么样的人生礼物。我找不到答案，只有满心的委屈和无奈。

第五天，我开始写日记，记录生病的经历，记录自己的感受，记录自己的期待，反思之前的工作和生活。耳聋的线索一点点浮现出来，熬夜、工作的压力、重口味饮食、久坐不运动、大量吃肉……

经过两次住院治疗，听力确实恢复到了 60 分贝，但身体状态非常糟糕。受激素影响，我胖了 10 多斤，血管多处变硬凸起。我决定放弃第三次的住院治疗，接纳自己耳朵半聋的事实。我清楚地知道，抱怨不会带给我任何帮助，唯有感恩，等待命运的馈赠，我坚信患难之后必有祝福。

接下来的一年多，我开始关注自己的身体状况，调整作息时间，主动减少工作量，拿出更多时间陪伴家人，开始学习一些养生的知识，也开始接受用中医的方式调理身体。随着身体状态越来越好，情绪越来越稳定了，体检的指标也全部恢复了正常。

　　住院期间，我曾思考过一个问题：如果不是耳聋，我可能不会关注自己的身体健康问题，可能还会继续加大工作量，或许等待我的就是突然的心梗离世。如果我死了，我的家庭教育理念也就停止了传播。除了孩子，我没留给这个世界任何有价值的东西。所以，我在去年年底做了两项重大决定：一是接受出版社的邀请，开始动笔写一本关于家庭教育的书；二是收了10个学生，把他们培养成跟我一样的家庭教育传播者。

　　以上这些都是我收获的礼物。今年的我已经40岁，回忆前半生，经常会有类似的绝望时刻，想自我放弃，觉得自己的人生没有任何意义。但这就是人生，起起伏伏。今天看到希望，明天又可能极度失望。每个人都有想自我放弃的时刻，就像黎明前的黑暗时刻，非常黑，让你觉得人生不可能再有任何希望。**但就是在这样的至暗时刻，如果你愿意转变视角，开始尝试感恩，很可能在下一刻，或者未知的某一刻，那束光就出现了，重新照亮你的生命。**只要你还活着，只要你的那颗心脏还在跳动，就一定有满血复活的那一天。

　　关于生病的经历，我跟尧尧谈论过许多次。刚开始，我的确没有办法告诉他这是一件好事，因为我自己也沉浸在悲伤与愤怒中。但我会告诉他，既然耳朵生病了，需要住院治疗，那我就借机休息一下，好好调理身体。也就是学会接纳已经发生的事情，不再为此纠结和抱怨。之后，我会跟他分享我住院期间读的书，以及耳朵的各种神奇体验。而他会在电话里给我读他写的小说、讲他画的画，还跟我讲了好多住在爷爷家有趣的事。当我积极面对负面事件时，孩子也学会了勇敢和乐观。半年后，我跟他分享了我心态的改变。我感谢这次生病的经历，让我开始关注自己的身体健康，改变了工作和生活的方式，也让我对人生有了更深层的体悟。

当然，感恩之心不只是面对某一件事情的态度，更多的是体现在日常生活中，面对各种问题时的反应。就像我前面说的，凡事感恩，积极地面对一切问题。即使是不好的事件，也会成为人生中宝贵的经验。

除此之外，我们还可以每晚带孩子做一个感恩练习，每个人说出三件值得感恩的事。刚开始，孩子可能会说没什么感恩的事，今天体育课被占课了，还布置了好多作业。那说明他还没有开始关注自己拥有的事物，就由大人先来分享。

我们可以感恩今天是一个晴天，阳光照在身上很温暖；感恩超市的存在，让我们每天都可以买到新鲜的水果；感恩爱迪生发明了灯泡，让夜晚不再黑暗；感恩祖国的强大，国泰民安，让我们可以远离战争……有没有发现，每天只感恩三件事实在是太少了？感恩练习可以引导孩子把注意力放到自己已经拥有的事物上，这个小小的变化就会让孩子的内心更富足、心态更积极、幸福的体验更丰富。

所有值得感恩的人或事，都是人生宝贵的财富，有了这些财富，我们就拥有了砥砺前行的魄力与底气。